“十四五”电子商务类教学改革创新型规划精品教材
全国电子商务专业教材编写委员会专家审定

U0863674

网店美工和视觉设计综合实训

佘莹莹　陈　虹　陈治凤　主编

天津出版传媒集团
天津科学技术出版社

内容提要

本书主要内容包括：网店美工基础知识、如何进行抠图、图片修复、常用字的滤镜效果制作、店铺装修的基本设置、店铺首页的制作、商品详情页的制作、店铺推广的创意设计、海报设计、综合实例、淘宝首页综合设计、手机淘宝视觉设计。

本书可以作为职业院校的教学用书，也可以作为相关专业人员的参考用书。

图书在版编目（CIP）数据

网店美工和视觉设计综合实训 / 佘莹莹，陈虹，陈治凤主编．—天津 ：天津科学技术出版社，2022. 8

ISBN 978-7-5742-0384-6

Ⅰ．①网… Ⅱ．①佘… ②陈… ③陈… Ⅲ．①网店—设计—中等专业学校—教材 Ⅳ．①F713. 361. 2

中国版本图书馆 CIP 数据核字（2022）第 140470 号

网店美工和视觉设计综合实训

WANGDIAN MEIGONG HE SHIJUE SHEJI ZONGHE SHIXUN

责任编辑：王 绚

责任印制：赵宇伦

出　　版：天津出版传媒集团 / 天津科学技术出版社

地　　址：天津市西康路 35 号

邮　　编：300051

电　　话：（022）23332390

网　　址：www. tjkjcbs. com. cn

发　　行：新华书店经销

印　　刷：昌昊伟业（天津）文化传媒有限公司

开本 889×1194　1/16　印张 10. 5　字数 302 000

2022 年 8 月第 1 版第 1 次印刷

定价：49. 00 元

PREFACE 前言

编写依据：《网店美工和视觉设计综合实训》是电子商务专业的一门专业核心课程。依据网店美工工作岗位的工作内容，基于网店美工的工作过程划分教学情景，按照“项目导入→项目目标→项目重点→项目难点”的方式，体现“以能力为本位、以职业实践为主线、以项目课程为主体”，打破了传统的学科体系的模式，将职业岗位能力中用到的知识点融合在课程教育项目中。

编写目的：本课程的设计旨在培养学生的创意和审美观，帮助学生理解图、文、色彩的搭配方式，掌握常用的工具软件，提高学生对图片的综合处理及页面的整体布局能力。让学生通过各项目的系列练习操作，熟练地掌握岗位所需知识和技能，并不断强化，项目体现操作能力和解决问题能力的培养，激发学生的创意，提高学生的审美观，培养学生形成综合的策划设计能力，为电子商务专业实训课程的发展及学生终身发展奠定良好的基础。

主要内容和特点：本书借助 Photoshop 软件由简单到复杂的应用，将本书内容划分为十二个项目，包括网店美工基础知识、如何进行抠图、图片修复、常用字的滤镜效果制作、店铺装修的基本设置、店铺首页的制作、商品详情页的制作、店铺推广的创意设计、海报设计、综合实训、淘宝首页综合设计、手机淘宝、视觉设计，每个项目又由多个任务组成，最后配有相应的单元检测和实战训练。知识讲解精炼、重难点突出、实训操作步骤详尽。

由于编者水平有限，书中难免出现疏漏，真诚地欢迎读者批评指正，并将意见及时反馈给我们，以便我们修订时进一步完善，希望能与广大读者共同学习成长。

编　者

编委会

CONTENTS 目录

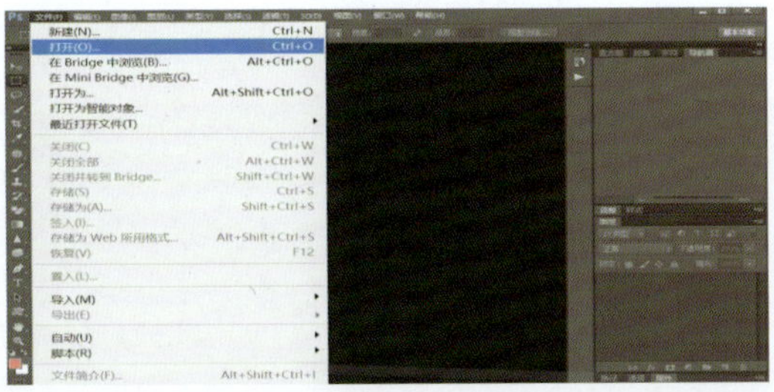

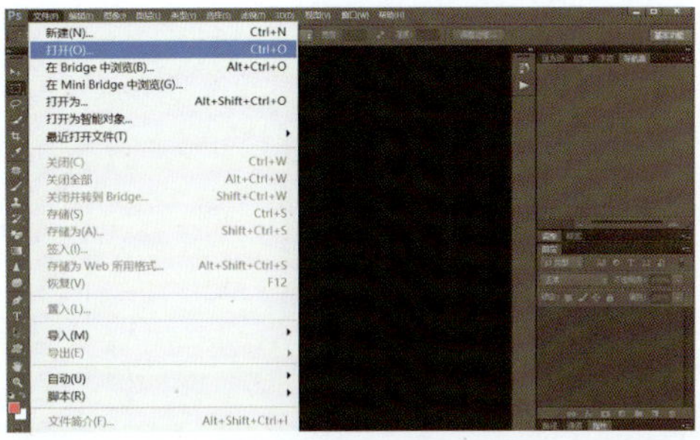

有间铺子

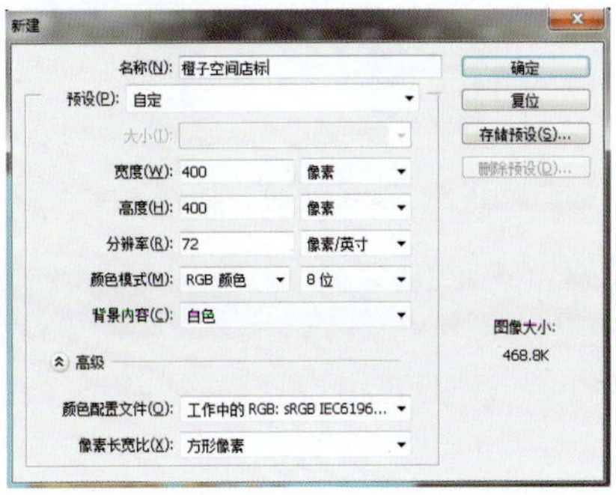

新建
名称(N): 橙子空间店标
确定
复位
存储预设(S)...
预设(P): 自定
宽度(W): 400 像素
高度(H): 400 像素
分辨率(R): 72 像素/英寸
颜色模式(M): RGB 颜色 8 位
背景内容(C): 白色
高级
图像大小:
468.8K

项目六　店铺首页的制作 / 068

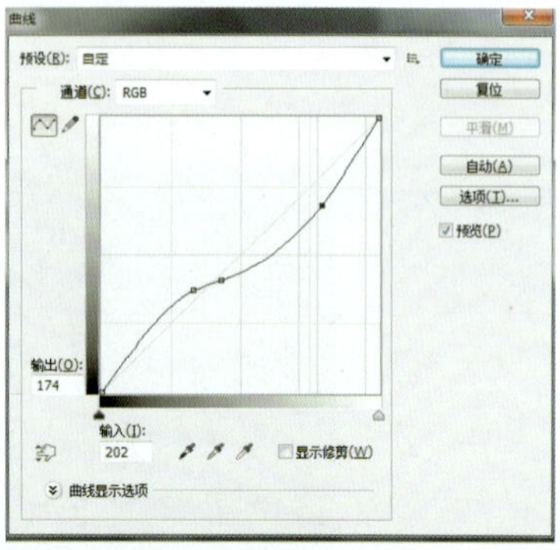

项目七　商品详情页的制作 / 078

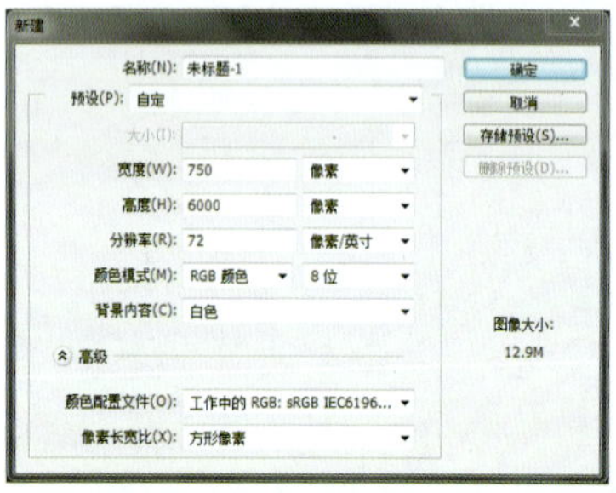

项目八　店铺推广的创意设计 / 095

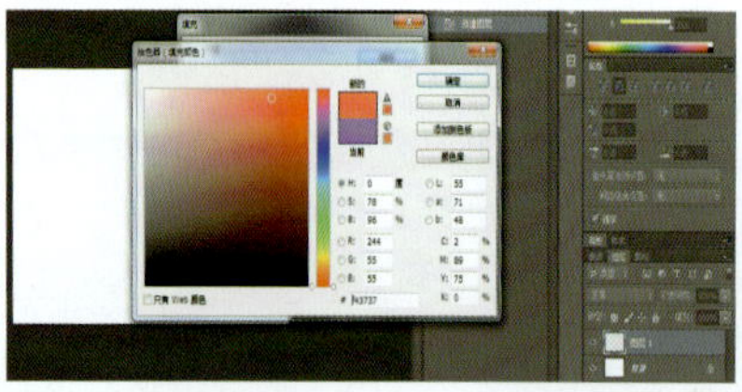

项目九　海报设计 / 111

项目十　综合实例 / 126

项目十一　淘宝首页综合设计 / 135

项目十二　手机淘宝视觉设计 / 146

项目一

网店美工基础知识

项目导入

随着互联网的快速发展，网店美工设计进入了一个崭新的阶段。网店不再是简单的文字与图片的展示，而是更加强调美观性、交互性，这也是当前网店美工设计的发展趋势。

项目目标

知识目标

√ 了解网店美工的基本概念
√ 熟悉 PS 工作界面及工具
√ 理解网店美工岗位对网店经营的重要性

能力目标

√ 掌握色彩搭配技巧
√ 能对图片进行简单的色彩调整

素质目标

√ 培养学生正确认识美工的岗位职责
√ 通过调研美工岗位职责培养团队合作意识

项目重点

√ 熟悉 PS 工作界面及工具
√ 掌握色彩搭配技巧
√ 能对图片进行简单的色彩调整

项目难点

√ 熟悉 PS 工具
√ 进行合理的色彩搭配

任务一　认识网店美工

一、什么是网店美工

网店美工是网店页面编辑美化工作者的统称，服务于网店的运营和销售，主要进行店铺的装修工作，包括店铺首页设计，商品详情页设计，促销海报设计和图片处理等。

二、相关基础知识

1. 像素

组成位图图像的一个个小方块称为像素，它是构成位图图像最基本的要素。它实际上一个个独立的小方格，每个像素都能记录它所在的位置和颜色信息（图 1.1）。

图 1.1　像素

特别记住：

像素不是长度单位，不能说 1 米等于多少像素或者说多少像素等于 1 米。长度单位（米、分米、厘米）和像素之间在国际度量协会里没有必然的换算关系。

注：本书中如没注明单位的都默认为以像素为单位。

2. 图像的基本分辨率

图像分辨率通常指的是一张图片图像中储存的信息量，是我们通常所说的多少像素，也就是每英寸图像内有多少个像点，分辨率的大小决定了我们每张位图图像细节的精细程度。在通常情况下，图像的分辨率值越高，成像尺寸就越大，图像就越清晰。如图 1.2 分辨率低的图片模糊（右图），分辨率高的图片清晰。

图像的分辨率的表达式为“水平像素 × 垂直像素”，分辨率的单位为 PX。

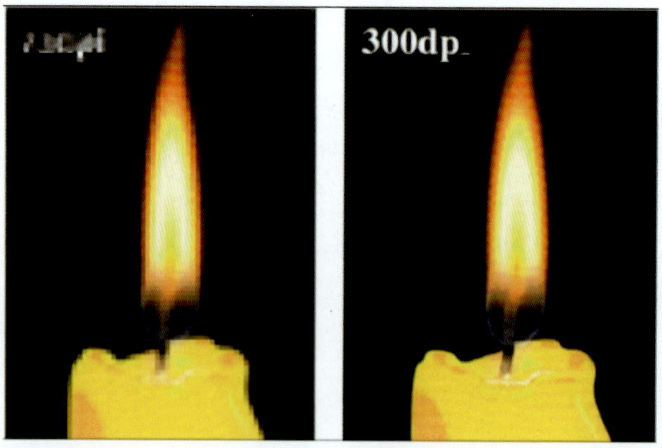

图 1.2　分辨率比较

① 印刷分辨率是 300 像素每英寸（300dpi），就是指经常用的屏幕分辨率是 72 像素每英寸（72dpi）。

② 网页经常用的分辨率是 72 像素每英寸（72dpi）。

③ 用来印刷的图像分辨率，至少为 300dpi 才可以，低于这个数值印刷出来的图像不够清晰。

④ 打印或者喷绘只需要 72dpi 就够了，注意这里说的是打印不是印刷。

3. 位图和矢量图

传统绘画作品按不同的形式可以分为：素描、水彩、水粉、油画、蜡笔画等几大类。

数字艺术的绘画作品（计算机中制作或显示的图形）一般可以分为两大类：矢量图和位图。

（1）位图

又称光栅图或点阵图，一般用于照片品质的图像处理，是由许多像小方块一样的“像素”组成的图形。由其位置与颜色值表示，能表现出颜色阴影的变化。在 Photoshop 主要用于处理位图。位图图像中的每个像素都有一个相应的坐标和颜色信息，而每个像素的内容都被记录在文件中。而像素的多少就决定了图像的分辨率，像素越多，分辨率也就越高，所占用的空间也就越多如图 1.3，因为计算机要保存更多的信息。位图在放大的时候会失真。

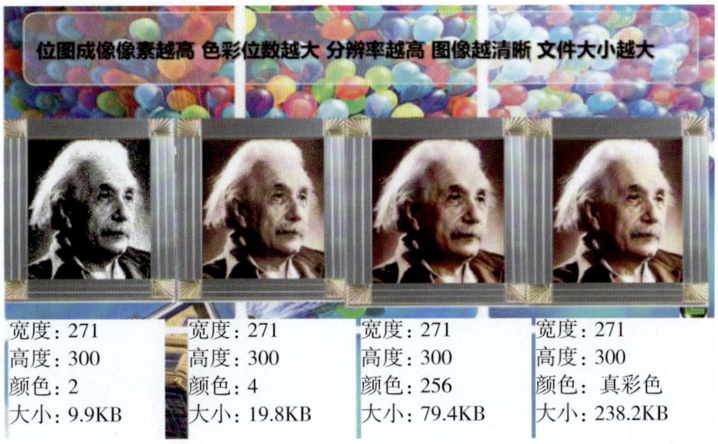

图 1.3　不同位图比较

（2）矢量图

矢量图也称为向量图或量图，它使用直线和曲线和色块来描述图形，这些图形的元素是一些点、线、矩形、多边形、圆和弧线等等，矢量图形文件体积一般较小。

最大的优点是无论放大、缩小或旋转等不会失真。

最大的缺点是难以表现色彩层次丰富的逼真图像效果。

图 1.4 为位图和矢量图放大之后的区别。

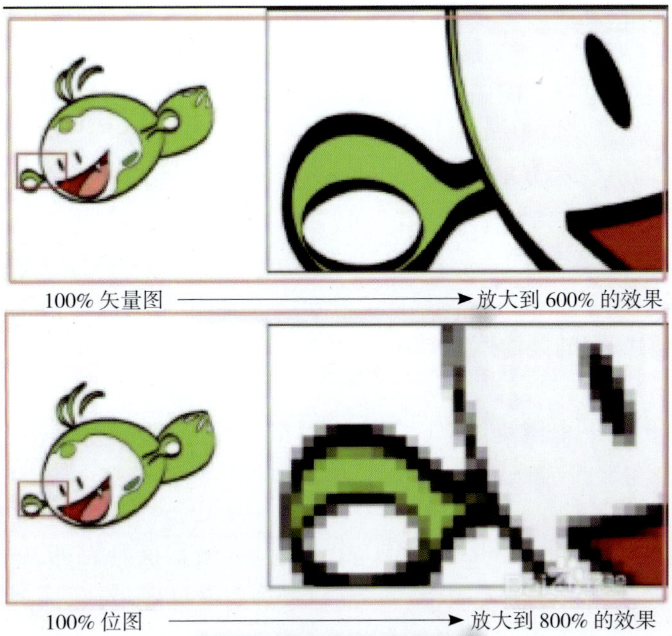

图 1.4　矢量图和位图的比较

三、色彩模式

常见的色彩模式包括：位图模式、灰度模式、双色调模式、HSB 模式、RGB 模式、CMYK 模式、Lab 模式、索引模式、多通道模式等。色彩模式确定图像中能显示的颜色数量，还影响图像的通道数和文件大小。

1. RGB 模式

RGB 模式是由红（R）、绿（G）、蓝（B）3 中颜色的光线构成的，主要应用于显示器屏幕的显示，也被称为色光模式，如图 1.5 所示。

每一种光线从 0—255 被分为 256 个色阶，0 表示这种光线没有，255 代表这种光线最饱和的状态。当三种颜色亮度相同时产生灰色，当 3 种亮度都是 255 时产生白色，当三种亮度都是 0 时就产生黑色。

注：光线越强，颜色越亮，RGB 三种光线合在一起就是白色，所以 RGB 模式又称加色法

2. CMYK 模式

CMYK 模式是由青（C）、品（M）、黄（Y）、黑（K）4 种颜色的油墨构成的，主要应用于印刷品，因此也被称为色料模式。两两相加就形成了红、绿、蓝三色，如图 1.6 所示。

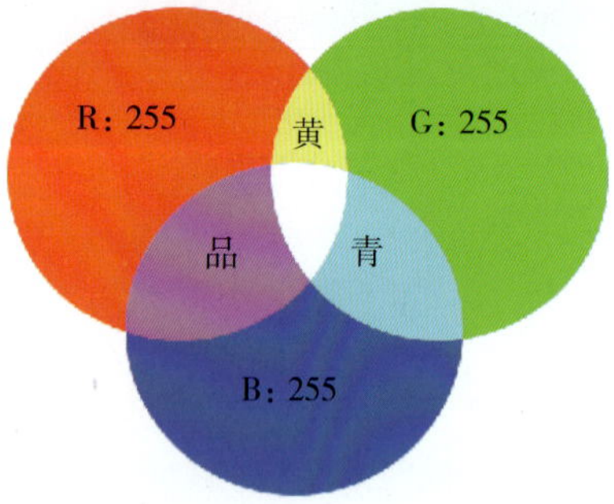

图 1.5　RGB 模式

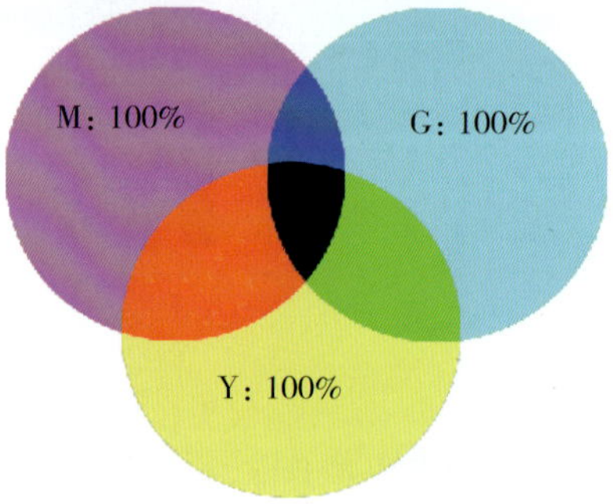

图 1.6　CMYK 模式

注：油墨量越大，颜色越重、越暗。
油墨量越少，颜色越亮。
没有油墨时是什么都没有印上的白纸，所以 CMYK 模式被称为减色法。

四、网店美工岗位职责

一说到美工，有人会想到电商、网店装修，虽然这样说也没错，但是并不是全部。

1. 网店装修

网店装修涵盖了很多种类。在大小各异的店铺首页中，看到的设计五花八门，有高大上的，有简单的，看老板的需求和美工的想法。

2. 设计主图

设计主图也是要根据电商平台来进行设计的，比如不同的商品颜色，也应该搭配不同的设计，好的样搭配才能凸显产品，博取顾客的关注度。

3. 制作海报

制作海报作为产品宣传的一个重要环节，怎么做海报，营造一种产品高大上，质量好，外观好，也是需要学习的。

4. 其他工作

有时候，除了日常工作任务外，还会有额外的工作，可能是你没有涉及的，但是你需要完成。比如，logo 设计、规格书、线稿图、产品说明书、产品目录、彩盒外箱设计。

美工作为一个设计者，应该随着客户的要求，而不断调整，提升自己的技能才不会被社会淘汰，只

要你足够强大，才能在这个行业里站稳脚跟。

任务二　熟悉 PS 工作界面及各工具

导学视频

Photoshop 是 Adobe 公司推出的专业图像编辑软件，简称“PS”，主要处理以像素所构成的数字图像。使用其众多的编修与绘图工具，可以有效地进行图片编辑工作，Photoshop 是目前应用范围最广泛的图像合成软件。

一、PS 工作界面

本书以 Photoshop CS6 版本进行讲解。打开操作界面，如图 1.7 所示。

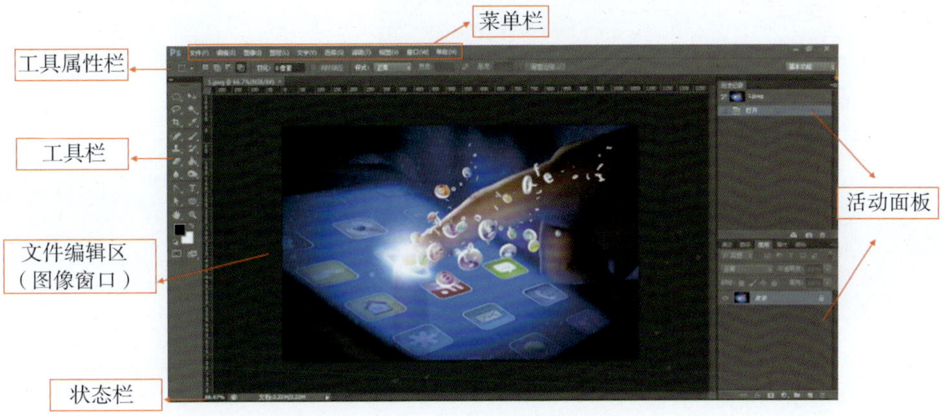

图 1.7　操作界面

1. 菜单栏

菜单栏为整个环境下所有窗口提供菜单控制，如图 1.8 所示，包括：文件、编辑、图像、图层、文字、选择、滤镜、视图、窗口和帮助十项。Photoshop 中通过两种方式执行所有命令，一是菜单，二是快捷键。

图 1.8　菜单栏

2. 工具栏

工具栏，也叫工具箱，如图 1.9 所示，对图像的修饰以及绘图等工具，都从这里调用，拖动工具箱的标题栏，可移动工具箱。有些工具的右下角有一个小三角形符号，这表示在工具位置上存在一个工具组，其中包括若干个相关工具。

3. 工具属性栏

选项栏（属性栏）如图 1.10 所示，主要是显示工具栏中所选工具的选项信息，不同的工具有不同的选项。

图 1.10　工具属性栏

图 1.9　工具箱

4. 文件编辑区

图像区用来显示制作中的图像，如图 1.11 所示，它是 Photoshop 的主要工作区。同时打开两副图像，可通过单击图像窗口进行切换。图像窗口切换可使用“Ctrl+Tab”。

5. 活动面板组

蓝色区域是浮动调板，如图 1.12 所示，用来安放制作需要的各种常用的调板。

图 1.11　图像编辑区

图 1.12　活动面板组

6. 状态栏

显示当前窗口文件的大小和显示比例，如图 1.13 所示。

图 1.13　状态栏

二、PS 工具简介

如图 1.14 所示。

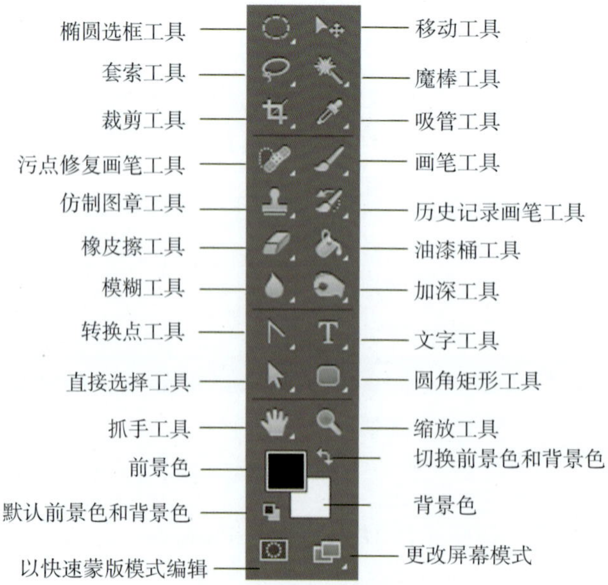

图 1.14　工具箱

1. 选框工具

选取工具包含了矩形、椭圆、单行、单列选取工具，如图 1.15 所示。

① 矩形选取工具：选取该工具后在图像上拖动鼠标可以确定一个矩形的选取区域，也可以在选项面板中将选区设定为固定的大小。如果在拖动的同时按下 Shift 键可将选区设定为正方形。

② 椭圆形选框工具：选取该工具后在图像上拖动可确定椭圆形选取工具，如果在拖动的同时按下 Shift 键可将选区设定为圆形。

③ 单行选框工具：选取该工具后在图像上拖动可确定单行（一个像素高）的选取区域。

④ 单列选框工具：选取该工具后在图像上拖动可确定单行（一个像素宽）的选取区域。

注：如果在拖动的同时按下 Shift 键和 Alt 键则是以鼠标落点为中心画圆或正方形。

选区类型：如图 1.16（新选区、添加到选区、从选区删除、与选区交叉）。

⑤ 为图像局部去色：用矩形选取工具选择需要去色的部分→“图像”→“调整”→“去色”，可调图片的局部为黑白效果。

⑥ 为图像加线条：打开图像文件→选择单行或单列选取工具→在图片中需要加线条的位置单击→选择合适的背景色→按 Delete 键可实现用背景色填充选区的颜色，即线条色。

⑦ 朦胧效果：打开人物图片→用椭圆选区选中人物→“选择”→“反向”→“选择”→“羽化”半径输入 20→选择前景色为绿色→按“Alt+Delete”用前景色填充选区。

2. 移动工具如图 1.17 用于移动选取区域内的图像。

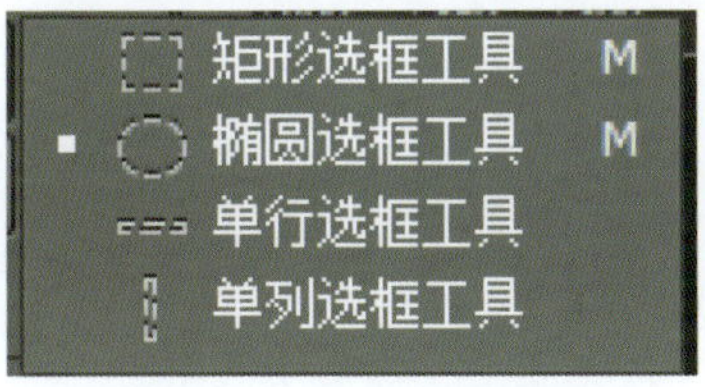

图 1.15　选框工具组

图 1.16　选区类型

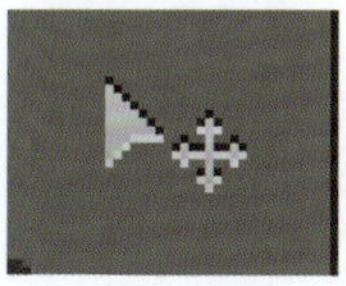
图 1.17　移动工具

3. 套索工具，如图 1.18 所示

① 套索工具：用于通过鼠标等设备在图像上绘制任意形状的选取区域。

② 多边形套索工具：用于在图像上绘制任意形状的多边形选取区域。

③ 磁性套索工具：用于在图像上具有一定颜色属性的物体的轮廓线上设置路径。

4. 魔棒工具，如图 1.19 所示

“容差”为颜色的精度，“连续”指选择的区域用于将图像上具有相近属性的像素点设为选取区域，如图 1.20 所示。

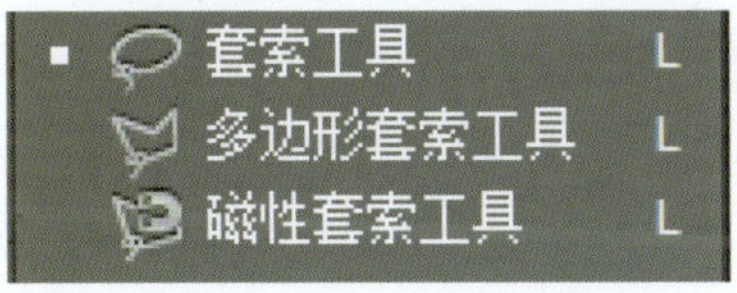

图 1.18　套索工具组

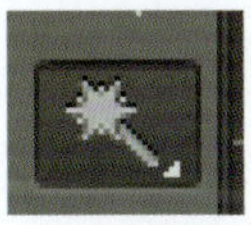
图 1.19　魔棒工具

图 1.20　魔棒工具属性

案例分析

为脸谱换色：打开脸谱图片→选择魔棒后设置相应的容差值和是否连续→在相应的颜色区域单击→有前景色或背景色填充，也可通过“编辑”→“填充”→选择图案进行填充（图案样式可通过载入来增加图案的样式），如图 1.21 所示。

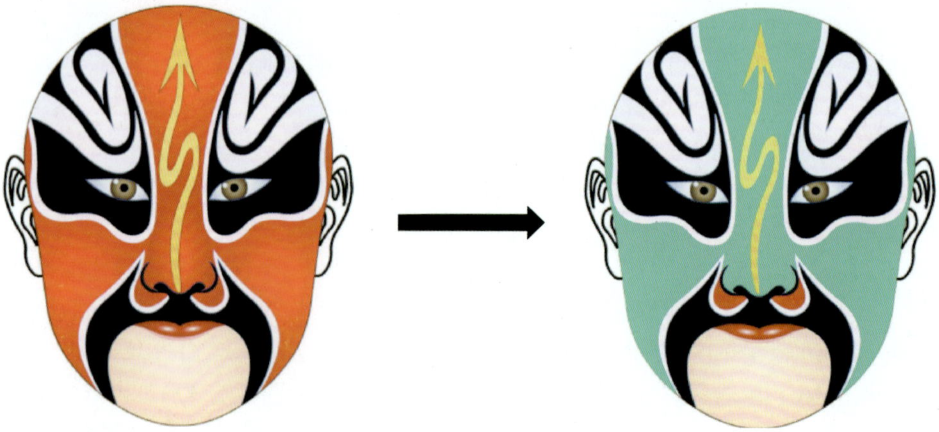

图 1.21　脸谱换色

5. 裁剪工具

用于从图像上裁剪需要的图像部分。

选择指定纵横比和像素的图片：打开图片→选择裁剪工具→在上面的选项中设置好宽度和高度的值和像素→在图片中拖曳得到所要区域→回车确定后保存图片。

为图片加框：打开图片→选择裁剪工具、设置好背景色→消除各项值后，选择整个图片→拉住四条边上的方块向外拖曳→回车后边框部分就用背景色填充完毕。

6. 图像修复工具

该工具组包含污点修复画笔工具、修复画笔工具、修补工具、内容感知移动工具和红眼工具，如图 1.22 所示。

7. 仿制图章工具

图章工具包含仿制图章和图案图章工具，如图 1.23 所示。

仿制图章工具：用于将图像上用图章擦过的部分复制到图像的其他区域，常用于修复图片。

图案图章工具：用于复制设定的图像。

8. 画笔工具

该工具组包括画笔工具、铅笔工具、颜色替换工具和混合器画笔工具，如图 1.24 所示。

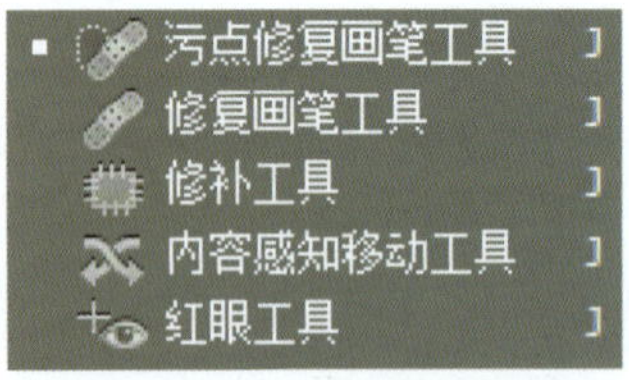

图 1.22　图像修复工具组

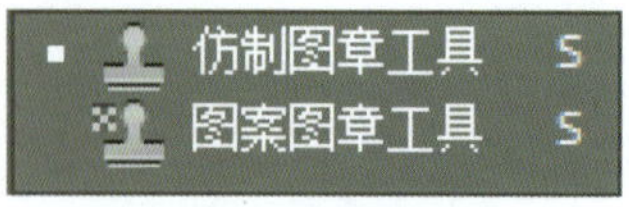

图 1.23　图章工具组

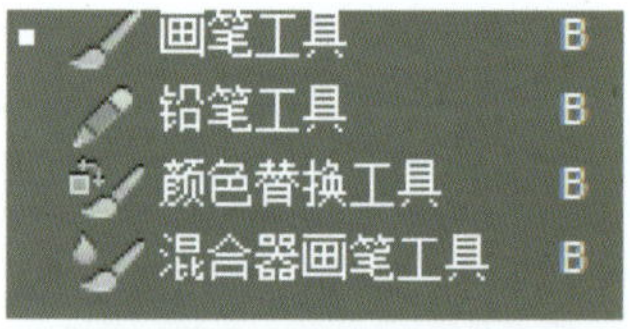

图 1.24　画笔工具组

画笔工具：用于绘制具有画笔特性的线条。

铅笔工具：具有铅笔特性的绘线工具，绘线的粗细可调。

颜色替换工具：用前景色替换画笔抹过的颜色。

9. 橡皮擦工具

橡皮擦工具包括橡皮擦工具、背景橡皮擦工具、魔术橡皮擦工具 3 种工具，如图 1.25 所示。

橡皮擦工具：用于擦除图像中不需要的部分，并在擦过的地方显示背景图层的内容。

背景橡皮擦工具：用于擦除图像中不需要的部分，并使擦过区域变成透明。

魔术橡皮擦：类似于魔棒工具，只是把魔棒选区的像素删除。

10. 色调处理工具，如图 1.26 所示

减淡工具：提高图像的亮度来校正曝光。

加深工具：降低图像的亮度来校正曝光。

海绵工具：精确地更正图像的色彩饱和度，使图像的颜色变得更加鲜艳或更加灰暗。

11. 渐变工具与油漆桶工具，如图 1.27 所示

油漆桶工具：用于在图像的确定区域内填充前景色。

渐变工具：在工具箱中选中“渐变工具”后，在选项面板中可再进一步选择具体的渐变类型。

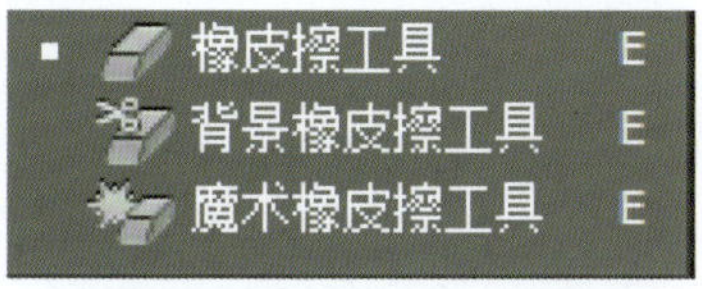

图 1.25　像皮擦工具组

图 1.26　色调处理工具组

图 1.27　颜色填充工具组

12. 文字工具，如图 1.28 所示

横排文字工具：用于在图偈上添加文字图层或放置文字。

直排文字工具：用于在图像的垂直方向上添加文字。

横向文字蒙板工具：用于向文字添加蒙板或将文字作为选区选定。

直排文字蒙板工具：用于在图像的垂直方向添加蒙板或将文字作为选区选定。

13. 多边形工具，如图 1.29 所示

（形状图层、路径、填充像素）

矩形图形工具：选定该工具后，在图像工作区内拖动可产生一个矩形图形。

圆角矩形工具：选定该工具后，在图像工作区内拖动可产生一个圆角矩形图形。

椭圆工具：选定该工具后，在图像工作区内拖动可产生一个椭圆形图形。

多边形图形工具：选定该工具后，在图像工作区内拖动可产生一个 5 条边等长的多边形图形。

直线工具：选定该工具后，在图像工作区内拖动可产生一个星状多边形图形。

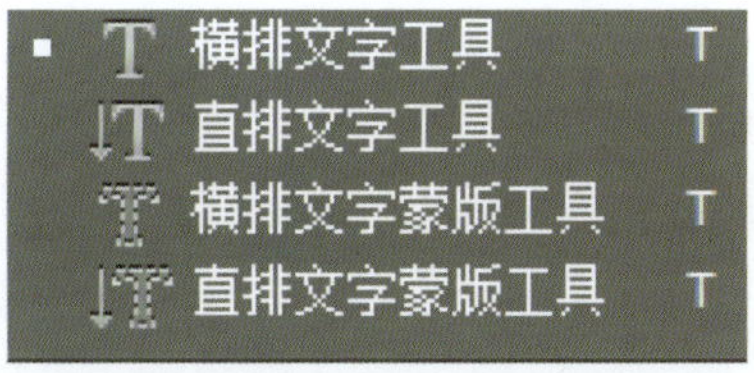

图 1.28　文字工具组

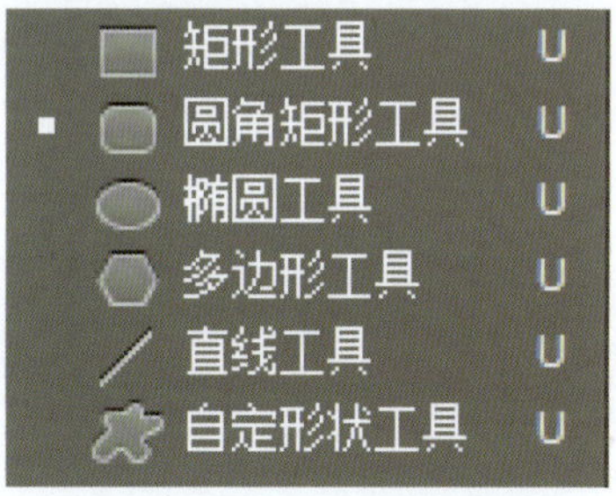

图 1.29　多边形工具组

任务三　网店美工色彩搭配技巧

色彩搭配既是一项技术性工作，同时它也是一项艺术性很强的工作，因此，设计者在设计网页时除了考虑网站本身的特点外，还要遵循一定的艺术规律，从而设计出色彩鲜明、性格独特的网站。

一、三原色与三间色，如图 1.30 所示

三原色：红黄蓝。它们之所以称为原色，是因为其他的颜色都可以通过这三种颜色的组合而成。

三间色：绿橙紫。将任何两种原色混合起来，就可以得到三间色。

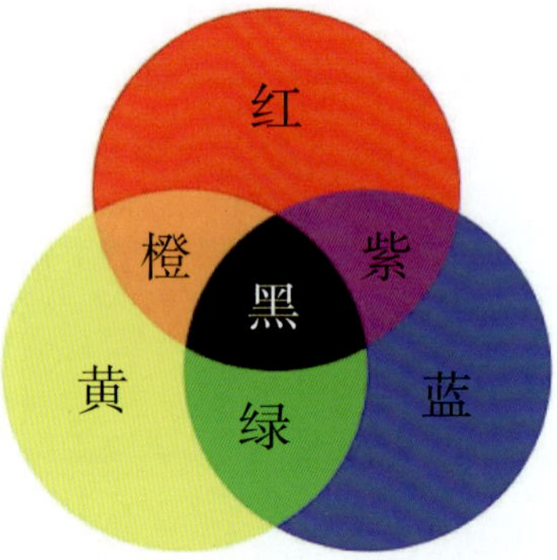

图 1.30　三原色与三间色

二、色彩三要素

色彩可用的明度、色调（色相）和饱和度（纯度）来描述。人眼看到的任一彩色光都是这三个特性的综合效果，这三个特性即是色彩的三要素。

1. 明度

指色所显示的明暗、深浅程度、如白色明度强、黄色次之、蓝色更次之、黑色最弱，如图 1.31 所示。

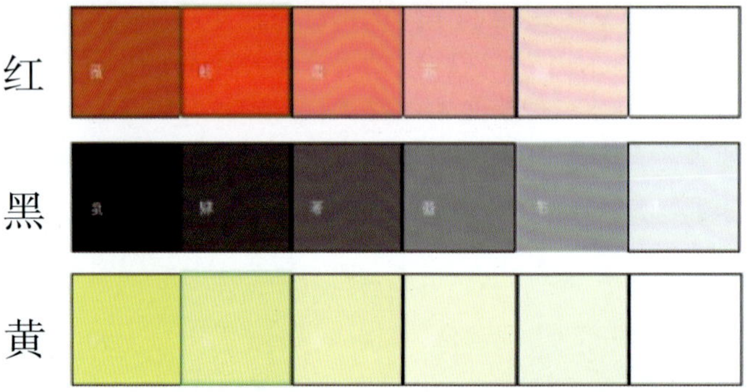

图 1.31　明度

案例分析

为了更好地理解明度，下面通过 Photoshop 软件操作来学习。调整树叶的明度后，树叶的颜色变得更深了。

打开图片→图像菜单→调整→色相 / 饱和度→调整明度参数。对比图及参数值见图 1.32 所示。

调整前　　调整后　　参数

图 1.32　调整明度参数

2. 色相

色彩的相貌和特征，例如，红、黄、蓝、绿等。把红、橙、黄、绿、蓝、紫和处在它们各自之间的红橙、黄橙、黄绿、蓝绿、蓝紫、红紫这 6 种中间色，共计 12 种色作为色相环，如图 1.33 所示。在色相环上排列的色是纯度高的色，被称为纯色。在色相环上，与环中心对称，并在 180° 的位置两端的色被称为互补色。

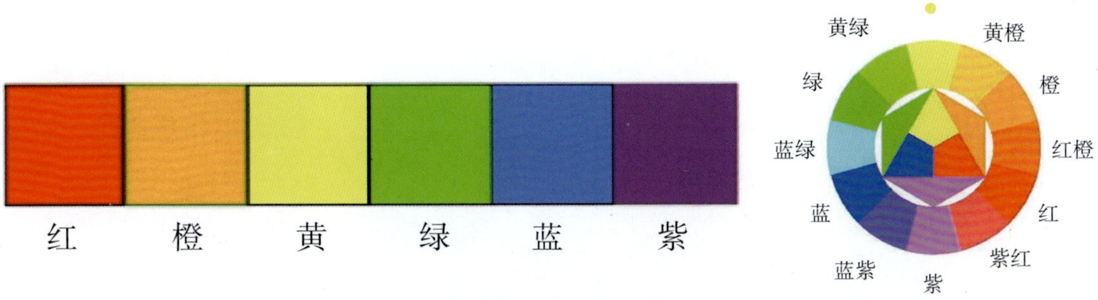

图 1.33　色相环

案例分析

下面通过 Photoshop 软件操作来了解通过调整图片的色相，可使其颜色发生改变。如图 1.34 所示，通过调整树叶的色相，使绿色的树叶变成紫色的树叶。

打开图片→图像菜单→调整→色相 / 饱和度→调整色相参数。

3. 饱和度（纯度）

指色彩的鲜艳程度。颜色在没有加进黑、白、灰等其他颜色时纯度最高，色彩混合种类越多，纯度就越低。

图 1.34　饱和度

三、色彩搭配模式

众所周知，不同的颜色会给人不同的视觉感受。网店装修设计在配色时有一定的技巧和规则，只有掌握了这些技巧和规则，才能把自己网店的色彩做到让顾客看着舒服，又能突出想要表达的东西。

三种搭配模式：类似色搭配、对比色搭配、互补色搭配，如图 1.35 所示。

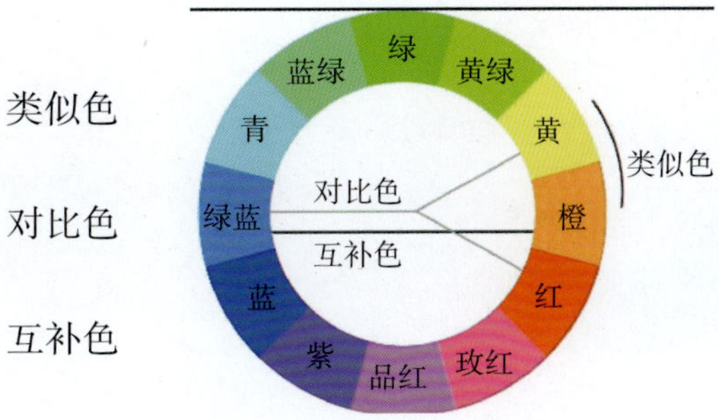

图 1.35　三种搭配模式

1. 类似色搭配

色环上距离 60° 的色彩搭配被称类似色搭配。一般这种色彩之间大搭配显得平静而舒服。这是种最舒适的搭配方式。在使用近似色搭配的时候，一定要适当加强对比，不然可能使画面显得平淡，如图 1.36 所示。

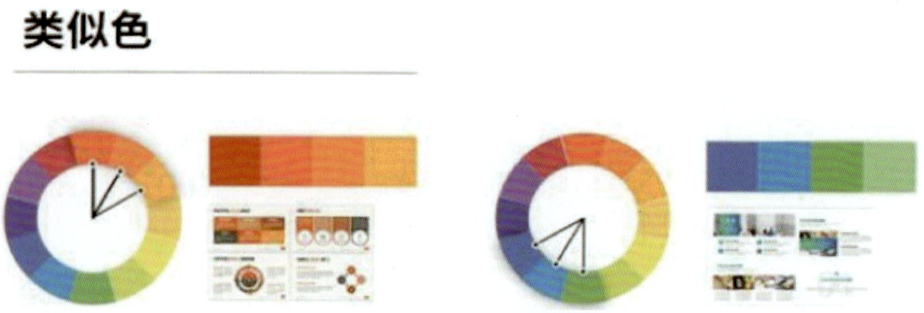

图 1.36　类似色搭配

经典类似色配色：如图 1.37 所示。

图 1.37　经典类似色配色

2. 对比色搭配：对比色是指色相环上的 120° 的颜色，为对比色关系，属于较强对比效果的色组，色相感鲜明，各色相互排斥，既活泼又旺盛。配色时，可以通过处理主色与次色的关系达到调和，如图 1.38 所示。

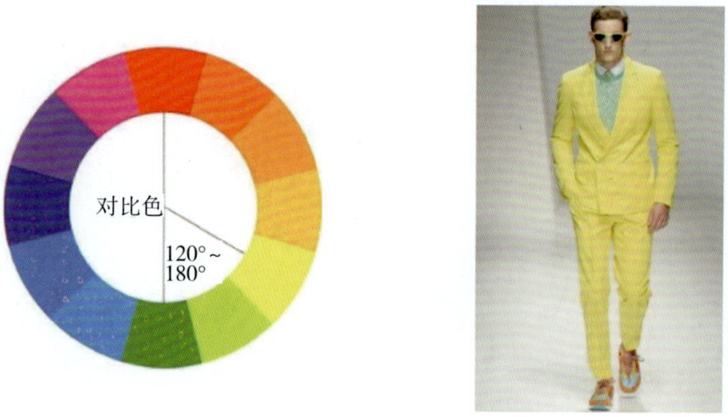

图 1.38　对比色搭配

3. 互补色搭配

在 24 色色相环中彼此相隔 12 个位数或者相距 180° 角的两个色相，为互补色关系。互补色组合的色组是对比最强的色组，使人的视觉产生刺激性、不安定性的感觉。配色时通过主色相与次色相的面积大小，或者分散形态的方法来缓和过于激烈的对比，如图 1.39 所示。

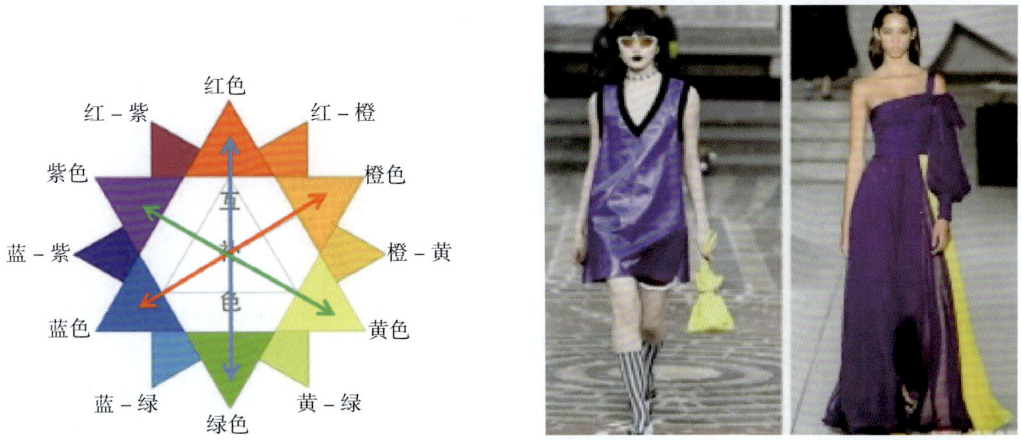

图 1.39　互补色搭配

四、色彩搭配法则

法则一：同色系

将同色系的颜色搭配在一起不容易出错，如粉红 + 大红，艳红 + 桃红，玫红 + 草莓红等这类同色搭配可以穿出同色系色彩的层次感，又不会显得单调乏味，是最简单易行的方法，如图 1.40 所示。

图 1.40　同色系

法则二：对比色

对比色是两类拥有完全不同个性的颜色，如红和绿、蓝和橙、黑和白、紫与黄等。若有意将对比色搭配在一起，就要注意对比色间的比例变化，选择一种颜色为主色而另一种颜色为副色，会有点睛的效果。将你的个性大胆展露，如图 1.41 所示。

图 1.41　对比色

法则三：无色系

若搞不清楚这花花绿绿的颜色搭配间微妙的比例，就用黑、白、灰这几种无色系的颜色来压阵吧。穿了鲜艳的衣服，配饰上选用单纯的黑、白、灰，主次感一下子就突显了，如图 1.42 所示。

对于美工设计师来讲，学配色必须了解配色比例和色彩的关系，这样才能设计出优秀的作品。日本的设计师提出过一个配色黄金比例，即 70 ∶ 25 ∶ 5，其中 70% 为大面积使用的主色，25% 为辅助色，5% 为点缀色，如图 1.43 所示。主色的确立会影响整个画面的格调。

图 1.42　无色系

图 1.43　配色比例

一般情况下，建议画面色彩不超过 3 种，3 种是指的 3 种色相，比如深蓝和天蓝就是一种色相。颜色用得越少越好，颜色越少画面越简洁，作品会显得更加成熟。颜色越少，越容易控制画面，除非是特殊情况，比如一些节日类的海报等，要求画面有一种热闹、活力的感觉。多些颜色可使画面显得很活跃，但是颜色越多越要严格按照配色比例来进行分配，不然会使画面非常混乱，难以控制。

任务四　网店设计中文字的应用

一、基础字体

从网店设计应用的角度来看，常见的基础字体有以下几种。

1. 宋体类型，如图 1.44 所示

宋体是默认文档的字体，其客观、典雅、严肃，在网页中的运用较为普遍。宋体的点、撇、捺、钩等笔画有尖端，属于衬线字体。宋体笔画中的横笔较细，不好识别，所以在海报中运用的较少。宋体一般只出现在标题中，在正文内容中运用较少。

2. 黑体类型，如图 1.45 所示

黑体给人时尚、厚重、抢眼的感觉，多用于标题制作、字幕展示，有强调的效果。Windows 系统里自带的黑体笔画较细，不太适合直接用于广告设计中。目前，标题和导语多采用粗黑、大黑、中黑、雅黑加粗等。

3. 书法体类型，如图 1.46 所示

书法体的传统韵律比较强，在中国式传统类的设计对象中运用广泛。例如，隶书刚柔并济、优雅、表现力丰富、古色古香、韵味十足。因此，书法体在前沿时尚类广告的设计中不适用。

4. 创意类型，如图 1.47 所示

创意类型即艺术体，艺术体的字体形式比较多变，造型风格各有千秋。例如，娃娃体稚嫩可爱；饰艺体造型复古、优美、活泼，犹如西文的花体字。因此，艺术体常应用于特定人群或节日等创意型、个性型网页的设计中。

图 1.44　宋体

图 1.45　黑体

图 1.46　书法体

图 1.47　艺术体

不一样的字体会呈现不同的文字风格，给人的感觉不一样，文化底蕴也不同。

注意：字体的选择要注意字体的使用版权，通常情况下，Windows 自带的字体是可以直接使用的；其他下载的字体，理论上都须授权后才可使用，特别不能直接用于企业网店的标志，以免造成日后出现版权纠纷。

二、字体创意设计

1. 形象变化

形象变化是指将整个字作形象化处理。如图 1.48 所示，笔画公用是文字图形化创意设计中广泛运用的一种形式。文字是一种视觉图形，它的线条有着强烈的构成性，可以从单纯的构成角度来看笔画之间的异同，寻找笔画之间的内在联系，找到它们可以共同利用的条件，把它提取出来。

圆形代替方形可以说是代替法的一种如图 1.49 所示，也就是把竖线、横线或折线换成其他比划。

图 1.48　形象变化

图 1.49　代替法

2. 装饰变化

通过字体的肌理变化、渐变效果、字内装饰、字外装饰等方式使文字的表现更加具象化。如图 1.50 所示，替换法是在统一形态的文字元素中加入另类不同的图形元素或文字元素，如图 1.50 所示。其本质是根据文字的内容意思，用某一形象替代字体的某个部分或某一笔画。这些形象或写实或夸张。将文字的局部进行替换，使文字的内涵外露，在形象和感官上都增加了一定的艺术感染力。

在文字上添加渐变效果，强调主题活动如图 1.51 所示，提前告知消费者网店的销售信息。

图 1.50　装饰变化（一）

图 1.51　装饰变化（二）

三、文字的层次布局

从信息清晰有力的传播目的来看，图片传达信息是有主次的。如图 1.52 所示，设计师一定要清楚顾客阅读设计作品的浏览顺序，这个顺序就是要表达的文字层次，依据文本各个部分的重要性级别划分为主标题区、副标题区和附加内容区。

图 1.52　文字的层次布局

图 1.53 的主要设计焦点是字体的应用和布局，采用创意型的字体，将装饰性元素覆盖在“大”字上，展现出产品的丰富，带给人“接地气”的感觉。另外，促销字眼“五折封顶”通过字体位置变化、颜色对比吸引受众眼球。整个画面字体具有感染力，更加生动形象，为画面带来视觉冲击力，让顾客能够很清楚地获取画面的核心信息。

四、字体排版

主要是指字体的字号大小、横竖的排列方式、字体的位置间距等。不同的排版方式能产生不同的风格和视觉效果。顾客会在不自觉中根据相近的关系进行统一式阅读，因为顾客会认为相似方式处理的文字元素是有所联系的，所以排列在一起的字体间的对比是至关重要的。

如图 1.54 所示，文字组合错落有致，黑体类字体和宋体类字体搭配组合，字号有大有小，同时结合文字颜色的不同，使顾客首先能看到主要信息，如“好灯曝光”“1212”为一系列同一鲜艳颜色或底色的字体，可以传达视觉重点，然后再从其他区域的组合文字中阅读到细节信息。

图 1.53　字体的应用和布局

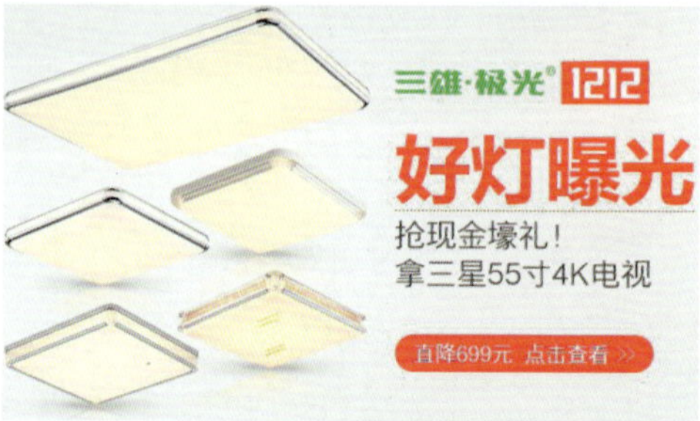

图 1.54　字体排版

五、字体与风格的搭配

字体设计与产品风格的联系很紧密，对于不同种类和风格的产品，字体粗细、大小的运用也有所区别。如图 1.55 所示，女性化风格的字体经常可以在化妆品等女性品牌中看见，它们通常字体纤细、秀美，线条流畅，字形有粗、细等细节变化，显得有韵律，或者通过装饰性元素与字体结合。因为衬线字体具有衬线这种可装饰性元素，所以很多女性化风格的字体会选用衬线字体，如细黑、倩细简体、锐线简体，并以此为基础进行修改。

图 1.55　字体与风格的搭配（一）

对于男性产品，具有粗犷、坚硬、强劲有力、拐角分明、力量感等图形特征的文字属于男性化风格的字体，如图 1.56 所示。

对于儿童产品，通过卡通特征的活泼、可爱、肥圆、呆萌、调皮等表现出儿童的特点，如图 1.57 所示。

图 1.56　字体与风格的搭配（二）

图 1.57　字体与风格的搭配（三）

单元检测

一、选择题

1. 下列哪个是 Photoshop 图像最基本的组成单元（　　）。

A. 节点　　B. 色彩空间　　C. 像素　　D. 路径

2. 图像分辨率的单位是（　　）。

A. Dpi　　B. ppi　　C. Ipi　　D. pixel

3. 下面对矢量图和像素图描述正确的是（　　）。

A. 矢量图的基本组成单元是像素

B. 像素图的基本组成单元是锚点和路径

C. Adobelustrator 图形软件能够生成矢量图

D. Adobe Photoshop 能够生成矢量图

二、简答题

1. 什么是网店美工？
2. 位图和矢量图的区别？
3. 网店美工有哪些职责？

任务五　实战训练

导学视频

实训一：抠图合成

根据所给素材抠图合成如图 1.58 所示效果图。

导学视频

实训二：显示器中加图片

根据所给素材成如图 1.59 所示效果图。

图 1.58　效果图（一）

图 1.59　效果图（二）

项目二

如何进行抠图

项目导入

在网店美工设计中，我们为了美化拍摄的人像或产品，常常将人像或者产品从原有的背景中分离出来，去除背景色，换上完美的背景或装饰，俗称“抠图”。由于产品、背景各不相同，所采取的抠图方法也各有不同，而最终的目的只有一个，把人物和产品从原有背景中分离出来。本项目我们以四个典型案例来解决抠图问题。

项目目标

知识目标

√ 了解抠图的基本概念

√ 熟悉常用抠图工具的使用

√ 掌握规则图形、简单背景、透明物体以及毛发等四种典型场景的抠图

能力目标

√ 掌握常用抠图工具的使用

√ 能对不同场景选择不同的抠图方式

素质目标

√ 培养学生正确认识美工的岗位职责

√ 通过调研美工岗位职责培养团队合作意识

项目重点

√ 熟悉常用抠图工具的使用

√ 掌握不同场景下抠图方式的选择

项目难点

√ 不同抠图场景的抠图方式的选择

任务一　规则形状抠图

导学视频

一、什么是抠图

抠图是把图片或影像中的某一部分从原始图片或者摄像中分离出来，成为独立的图片或影像（图 2.1）。

图 2.1　抠图示例

二、常用抠图工具

1. 选框工具

可以快速选择规则形状的图形，通过拖动鼠标来控制选择的范围。

2. 套索工具

图套索、多边形套索、磁性套索工具，可以根据物体的形状，沿着物体边沿抠图后自动生成选区，抠图的范围会比较不规则且简易抠图。

3. 魔棒工具

快速选择、魔棒工具，可以选择大面积的形状再通过设置来选区，同时也可删减选区。

4. 钢笔工具

可以精准地勾选出边缘清晰的对象，通常会配合添加锚点、删除锚点、转换点工具使用。

三、规则形状抠图

步骤 01　打开 Photoshop 软件，执行“文件”—>“打开”命令，如图 2.2 所示。

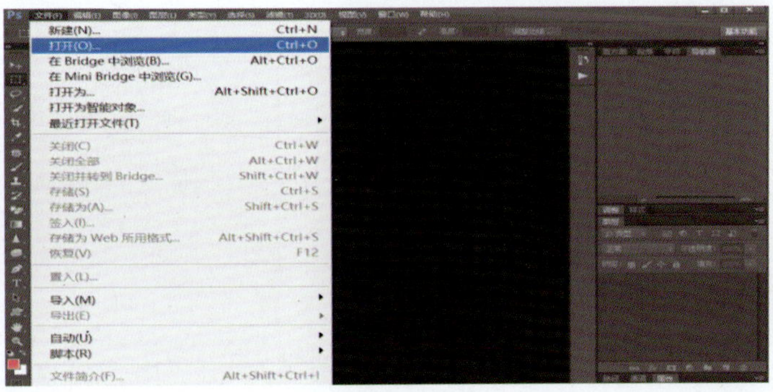

图 2.2　执行命令

步骤 02 选择素材，再单击打开。如图 2.3 所示。

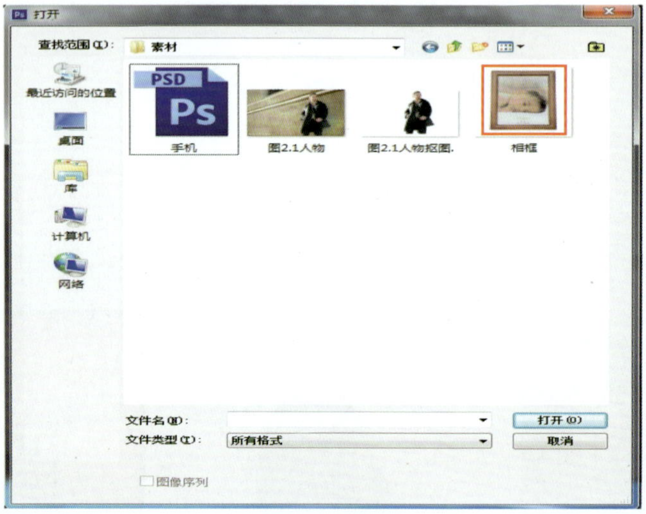

图 2.3 选择素材

步骤 03 选择“选框工具”→“矩形选框工具”。 矩形选框工具 如图 2.4 所示。

步骤 04 单击鼠标左键，选出我们想要的选区部分。将鼠标松开，如图 2.5 所示。

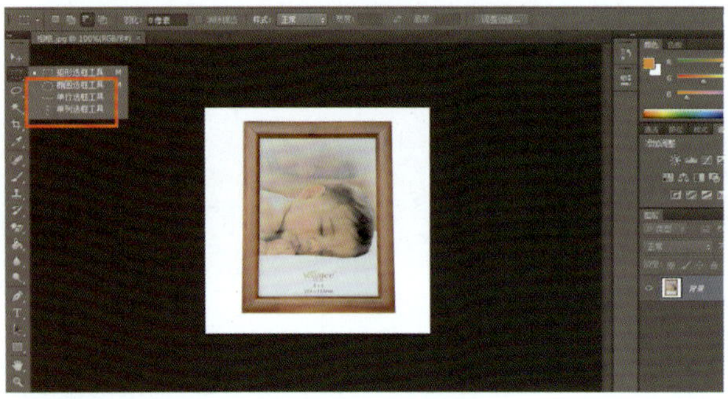

图 2.4 选框工具

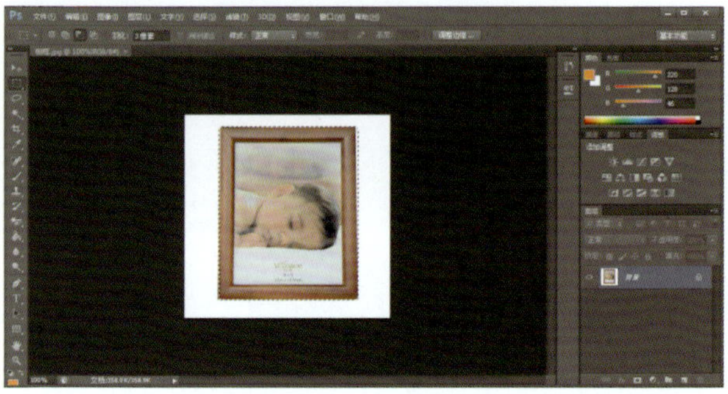

图 2.5 选区部分

步骤 05 按下快捷键 Ctrl+J 键，复制选区中的像素信息，这样矩形选框的抠图工作就完成了。将背景层的见按钮关闭，得到最终的抠图结果，如图 2.6 所示。

步骤 06 将抠出来的图片保存成 png 格式，png 格式是支持透明效果的一种图片格式，在设计中会经常用到，如图 2.7 所示。

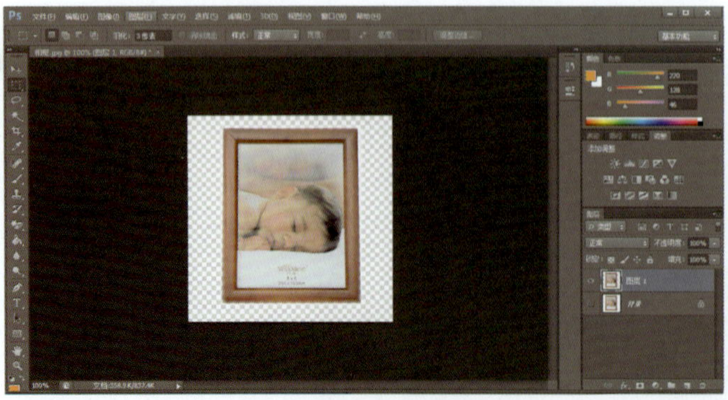

图 2.6 复制选区像素信息

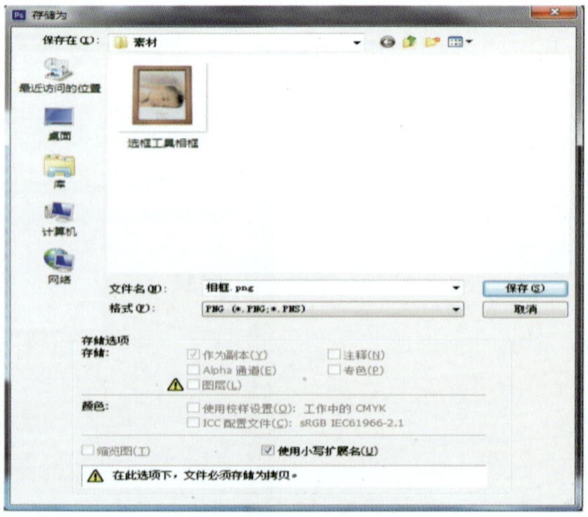

图 2.7 保存图片为 png 格式

任务二　简单背景抠图

导学视频

步骤 01 打开 Photoshop 软件，执行“文件”→“打开”命令，如图 2.8 所示。

步骤 02 选择素材，再单击打开。如图 2.9 所示。

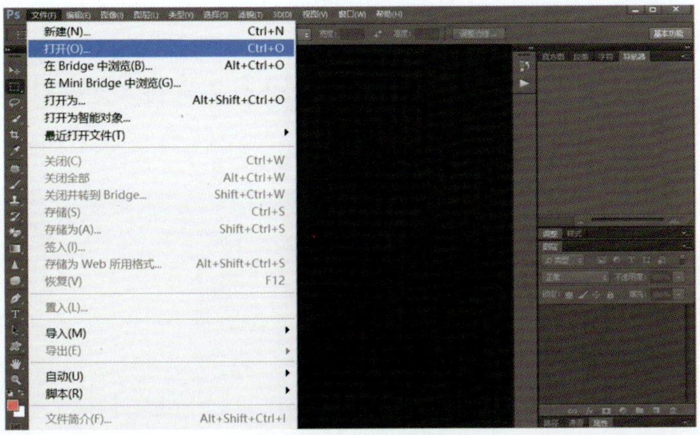

图 2.8　执行命令

图 2.9　选择素材

步骤 03 选择“魔棒工具”。如图 2.10 所示。

图 2.10　魔棒工具

步骤 04 因为该素材的背景为纯白色，为了让魔棒工具选出的选区更为精确，将魔棒工具栏属性中的容差值调整为“5”，连续的方框里打钩（图 2.11）。

图 2.11　调节魔棒工具栏属性

步骤 05 使用魔棒工具单击图片的背景，按住 Shift 键单击不连续的背景。得到想要的选区如图 2.12 所示。按下 Shift 键，配合鼠标左键，将商标的选区选上。

步骤 06 此时得到的是背景的选区，而需要的是产的品的选区。按下 Shift+Ctrl+I 键，反向选择选区，得到结果如图 2.13 所示。

图 2.12　选择背景和添加选择

图 2.13　将选区反选

步骤 07 按下快捷键 Ctrl+J 键，复制选区中的像素信息，这样简单背景的抠图工作就完成了，将背景层的 可见按钮关闭。得到最终的抠图结果，如图 2.14 所示。

步骤 08 将抠出来的图片保存成 png 格式，png 格式是支持透明效果的一种图片格式，在设计中会经常用到，如图 2.15 所示。

图 2.14　复制选区像素信息

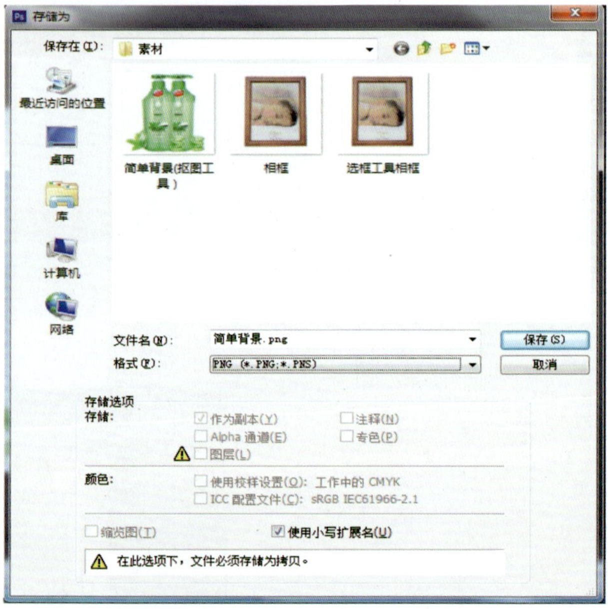

图 2.15　保存图片为 png 格式

任务三　透明物体抠图

导学视频

步骤 01 打开 Photoshop 软件，执行“文件”→“打开”命令，如图 2.16 所示。

步骤 02 选择素材，再单击打开。如图 2.17 所示。

步骤 03 打开下面素材后，复制背景图层，得到“图层 1”，如图 2.18 所示。

步骤 04 按下“Ctrl+A”，再按“Ctrl+C”复制“图层 1”的信息，然后单击面板中的新建图层蒙版按钮，给“图层 1”添加图层蒙版。单击白色图层蒙版同时按下“Alt”键，进入蒙版编辑状态，然后再“Ctrl+V”，把刚才复制的图层信息粘贴到图层蒙版中，得到一个保留了图像灰度信息的图层蒙版。如图 2.19 所示。

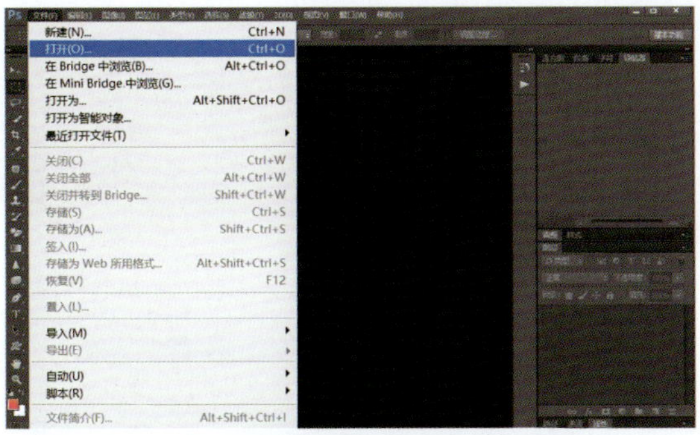

图 2.16　执行命令

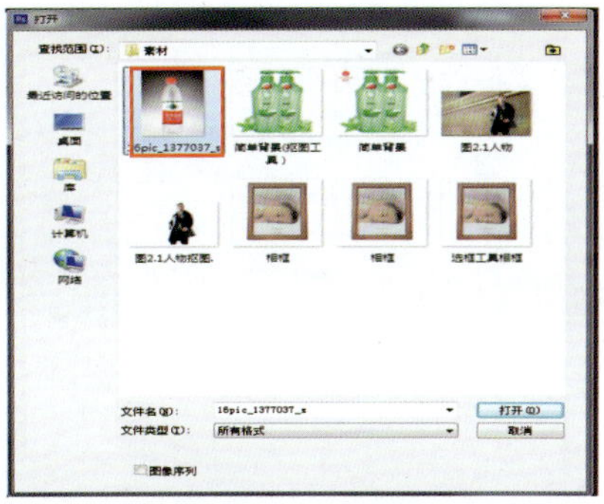

图 2.17　选择素材

图 2.18　选择图层

图 2.19　复制图层

步骤 05 在“图层 1”下方新建一个背景图层，选择“渐变工具“，右上角“红框”内的渐变样式，如图 2.20、图 2.21 所示。

图 2.20　添加蒙版

图 2.21　效果图

步骤 06 给图层填充渐变色的方法有很多，比如我们还可以用图层样式来设置。执行“图层”→“混合选项”，从弹出的选项框中，双击“渐变叠加”，在“渐变编辑器”里面选择渐变样式，设置一个从色号为“2799e6”的浅蓝色到色号为”48109d”的深蓝色渐变，单击“确定”，（或者可以用油漆桶工具先给图层填充一个较深的颜色”48109d”，然后用硬度为 0 的软笔刷在画面中间填充色号为”2799e6”的浅蓝色），如图 2.22 所示。

步骤 07 设置好渐变样式后，选择钢笔工具，用钢笔工具把矿泉水瓶抠出来（图 2.23）。

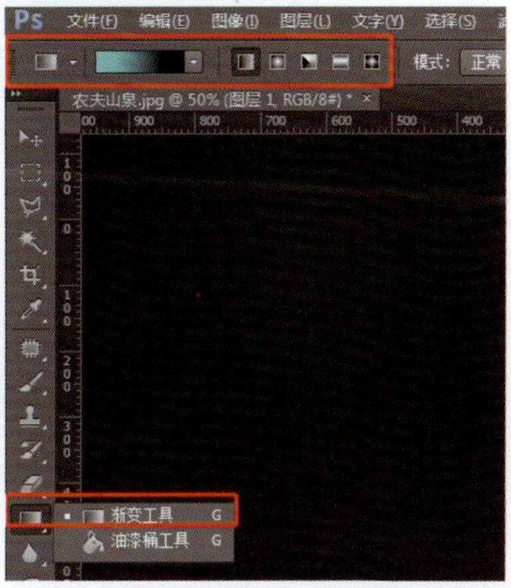

图 2.22　添加“渐变”

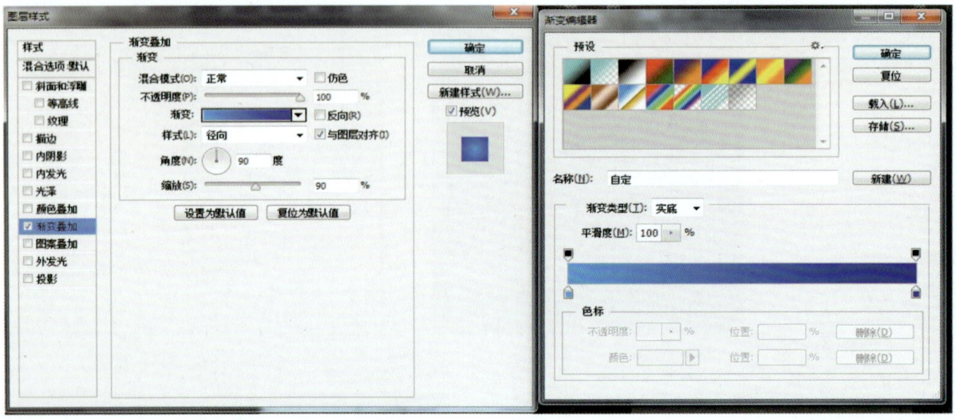

图 2.23 “渐变”属性调整

步骤 08 按下快捷“Ctrl” + “Enter”键建立选区，执行【选择】→【反向】（图 2.24、图 2.25）。

图 2.24 钢笔工具抠图

图 2.25 载入选区

步骤 09 单击白色图层蒙版同时按下“Alt”键，进入蒙版编辑状态，在蒙版周围填充黑色（图 2.26、图 2.27）。

图 2.26 进入编辑状态

图 2.27 填充黑色

步骤 10 同理，用钢笔工具把不透明的包装纸和瓶盖抠出来，建立选区，在蒙版里填充白色（图 2.28、图 2.29、图 2.30）。

图 2.28　建立选区

图 2.29　填充白色

图 2.30　效果图

任务四　毛发抠图

导学视频

步骤 01 打开 Photoshop 软件，执行“文件”→“打开”命令，如图 2.31 所示。

步骤 02 选择素材，再单击打开。如图 2.32 所示。

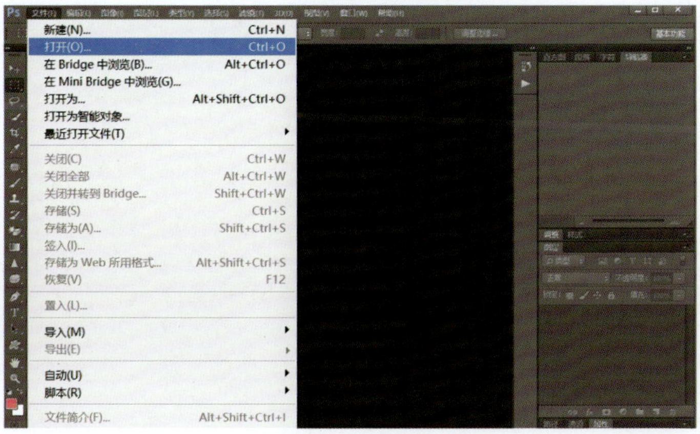

图 2.31　执行命令

图 2.32　打开素材

步骤 03 打开下面素材后，复制背景图层（或按快捷键”Ctrl+A”全选图像，再按快捷键 Ctrl+C 复制图层），如图 2.33 所示。

图 2.33 复制图层

步骤 04 执行“窗口”→”通道“命令，打开”通道“面板，单击”创建新通道”按钮，创建一个 Alphal 通道，然后按快捷键”Ctrl+V”粘贴图像，再按快捷键“Ctrl+D“消取选区，如图 2.34、图 2.35 所示。

步骤 05 按快捷键”Ctrl+L”打开“色阶”对话框，设置输入色阶为（69，0.39，255），如图 2.36、图 2.37 所示。

步骤 06 使用“硬度”为 0% 的黑色画笔，在人的面部上涂抹，涂抹的时候保留头发丝与背景相交的位置，如图 2.38 所示。

图 2.34 新建 Alphal 通道

图 2.35 选择 Alphal 通道

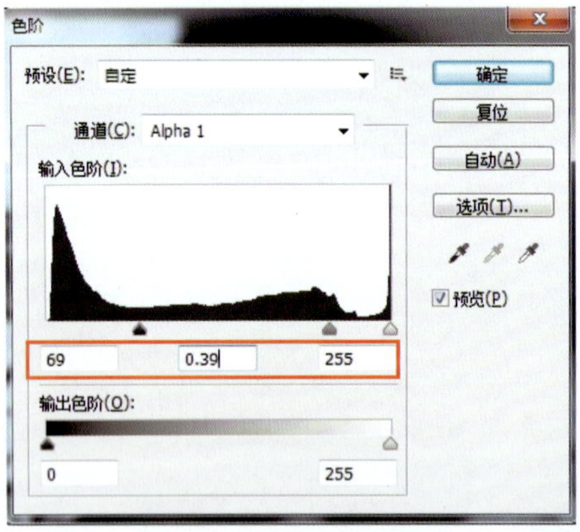

图 2.36 调整色阶

图 2.37 调整色阶后的效果

图 2.38 黑色画笔涂抹

步骤 07 按快捷键”Ctrl+L”打开“色阶”对话框，设置输入色阶为（110，1.42，255），将飞扬的发丝再次调暗。如图 2.39、图 2.40 所示。

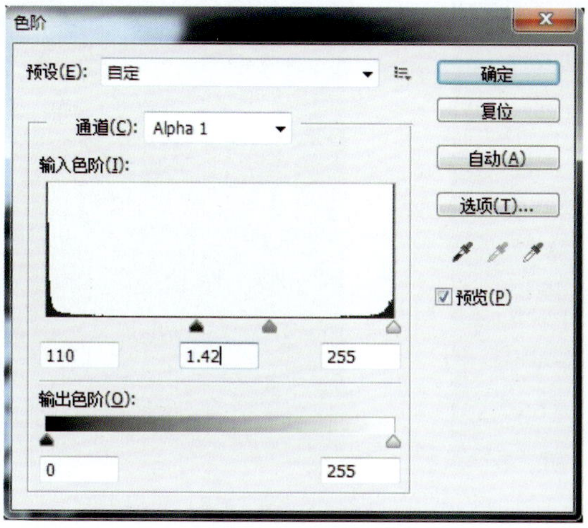

图 2.39 调色阶

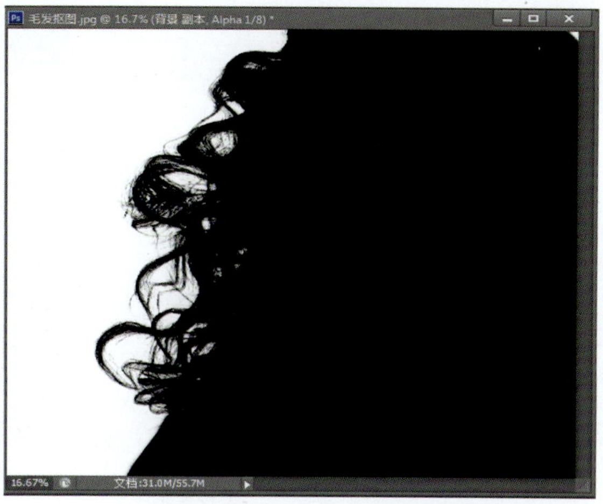

图 2.40 变暗效果图

步骤 08 按住 Ctrl 键单击 Alpha 通道缩览图，将通道载入选区，然后再按快捷键”Ctrl+Shift+I”反选选区，如图 2.41 所示。

图 2.41 获得人物选区

步骤 09 单击“通道”面板中的 RGB 通道，然后在“图层”面板选中背景层，按快捷键“Ctrl+J”将选区内容复制一层，并将”背景层”眼睛关掉，如图 2.42 所示。

步骤 10 选中“图层 1”，执行”图层“—>”修边”—>”移去白色杂边”菜单命令，将头发丝边缘的白色杂边去除；新建“图层 2”，使用“吸管工具”吸取头发的颜色，或填充前景色为（R：58，G：44，B：44），然后使用“画笔工具“在头发边缘位置涂抹，如图 2.43～图 2.45 所示。

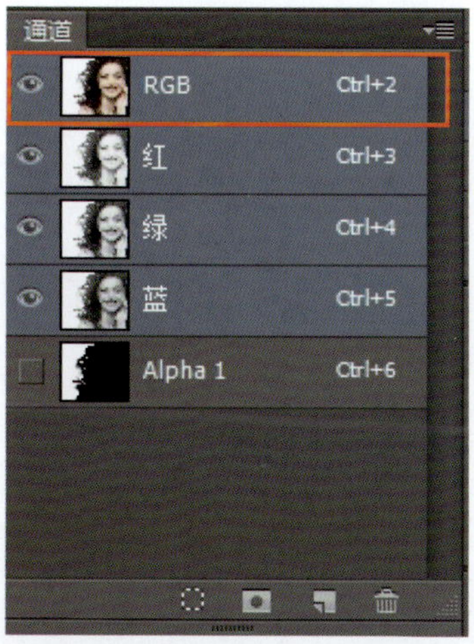

图 2.42 回到 RGB 通道

图 2.43 回到图层复制图层

步骤 11 设置“图层 2“的混合模式为”颜色“，然后按住”Alt”键在“图层 2”与“图层 1”之间单击创建剪贴蒙版，如图 2.46、图 2.47 所示。

步骤 12 新建图层 3，将图层 3 放置在图层 1 的下面。并填充 RGB 颜色值分别为（R：252，G：

218，B：13），按快捷键“Alt+Delete”键填充颜色。得到最终的抠图结果，如图 2.48、图 2.49 所示。

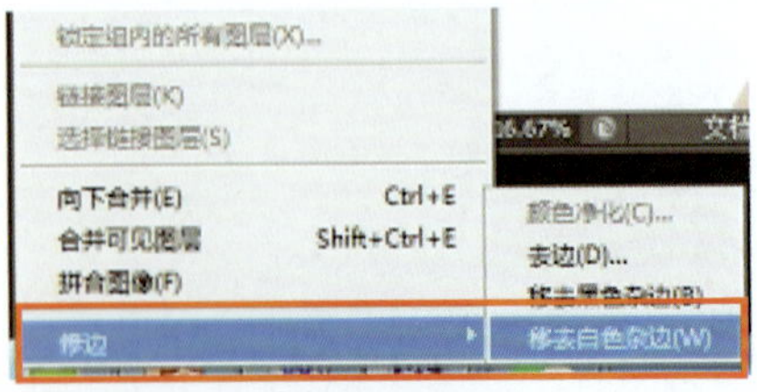

图 2.44　修边

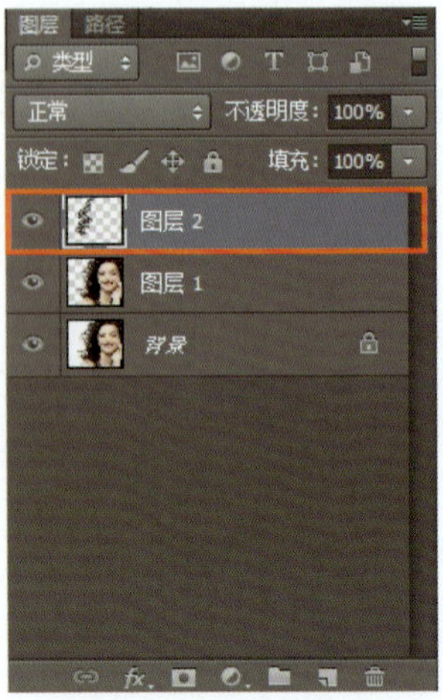

图 2.45　去白边

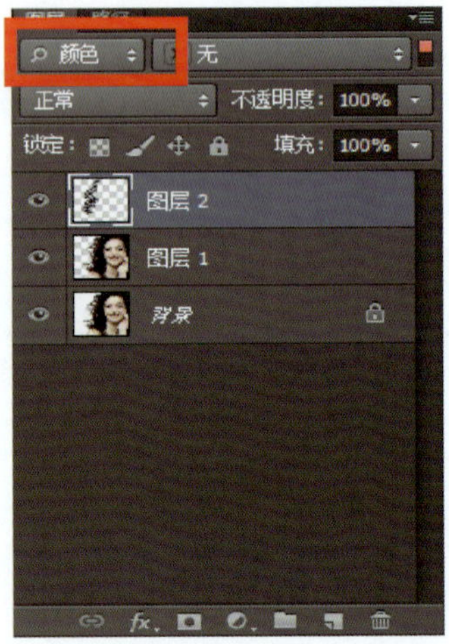

图 2.46　混合模式

图 2.47　创建剪贴蒙版

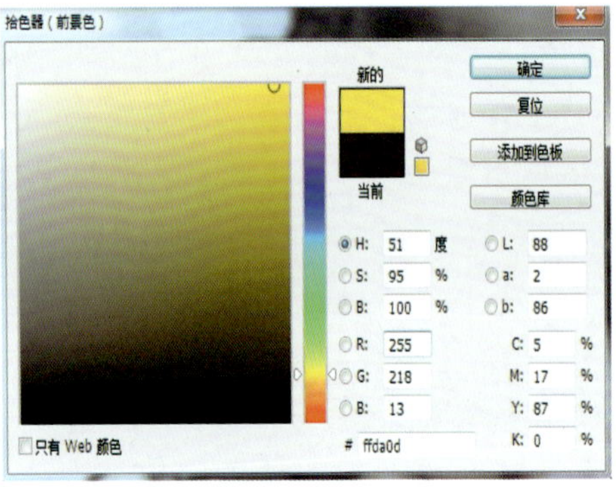

图 2.48　建背景图层

图 2.49　最终效果图

单元检测

一、填空题

1. 一个 RGB 模式的图像包含__________、__________、__________、__________这 4 个通道。

2. 当文件保存为__________格式时，通道可以被保存到文件中。

3. 将抠出来的图片保存成__________格式，是支持透明效果的一种图片格式，在设计中会经常用到。

二、简答题

1. 常用的抠图工具有哪些?

2.Photoshop 中通道通常是用来对图像进行特殊的选择处理，通道通常有哪几种类型?

任务五　实战训练

导学视频

实训一：选框工具抠图

根据所给素材，完成如图 2.50 所示效果图。

图 2.50　最终效果图

导学视频

实训二：婚纱抠图

根据所给素材，完成婚纱抠图（图 2.51、图 2.52）。

图 2.51　婚纱原图

图 2.52　婚纱效果图

项目三

图片修复

项目导入

在实际美工工作中，选取商品素材时，素材图片中往往会存在污点、瑕疵、以及商品主体不突出的问题，这时就需要利用 Photoshop 提供的修饰工具或运用调色技巧将素材做出相应调整。本项目将针对修饰工具的相关内容进行讲解。

项目目标

知识目标

√ 熟悉 PS 的修复工具
√ 掌握 PS 调色工具的使用
√ 熟悉 PS 的修饰工具

能力目标

√ 掌握 PS 修复、修饰、调色工具
√ 能对图片进行修饰调整

素质目标

√ 培养学生的审美能力

项目重点

√ 掌握 PS 修复、修饰工具
√ 掌握 PS 调色工具
√ 能对图片进行修饰调整

项目难点

√ PS 修复、修饰、调色工具的灵活运用
√ 对素材进行分析修饰

任务一　图片去污

导学视频

一、什么是图片去污

图片去污是对网站图片素材美化，修复或移去原图中的瑕疵或不想呈现的部分，是商品更完美地展示，吸引买家的注意（图 3.1）。

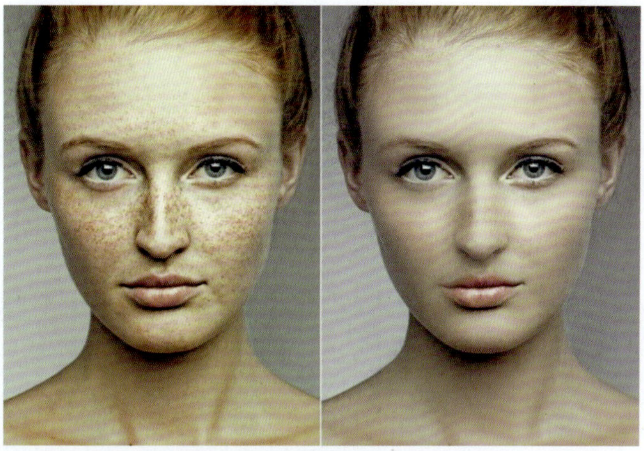

图 3.1　图片去污

二、常用的去污工具

修复商品细小瑕疵的方法有很多种，如污点修复画笔工具、修复画笔工具、修补工具、仿制图章工具等，下面对常用的图像修饰工具的操作方法进行逐一介绍。

1. 图像修复工具（图 3.2）

该工具组包含污点修复画笔工具、修复画笔工具、修补工具、内容感知移动工具和红眼工具。

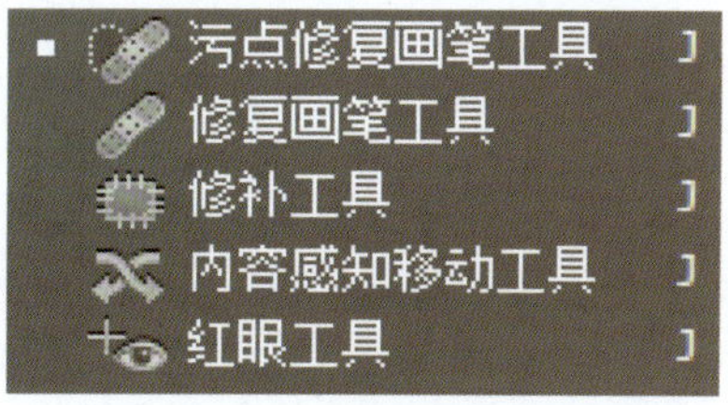

图 3.2　图像修复工具

（1）污点修复画笔工具

污点修复画笔工具主要用于去除较小的污点，比如去斑、去痘等。用工具点击需要修复的地方，软件会根据画笔周边的颜色信息（纹理、透明度、阴影、光照等）进行自动计算，用得到的结果来替代需要去除的污点。

（2）修复画笔工具

修复画笔工具的功能是修复大片区域的杂点区域。按住 Alt 键，当鼠标为标靶状的时候，在当前图像或其他图像的相应位置单击鼠标左键进行取样，并在需要修复的区域涂抹修复不要的区域。

（3）修补工具

修补工具适合整块修复，它是根据取样区域的图像或者选定的团对目标区域的图像进行修复，同时自动将取样图像与目标区域中的纹理、透明度、阴影、光照等进行匹配。

（4）内容感知移动工具

内容感知移动工具可以实现将图片中多余部分物体去除，同时会自动计算和修复移除部分，从而实现更加完美的图片合成效果。它也可以将物体移动至图像其他区域，并且重新混合组色，以便产生新的位置视觉效果。

（5）红眼工具

红眼工具可以去除闪光灯照相的过程中人物的眼睛变成红色的情况。

2. 仿制图章工具

图章工具包含仿制图章和图案图章工具，如图 3.3 所示。

仿制图章工具：用于将图像上用图章擦过的部分复制到图像的其他区域，使用方法和修复画笔工具类似。

图案图章工具：用于复制设定的图像。

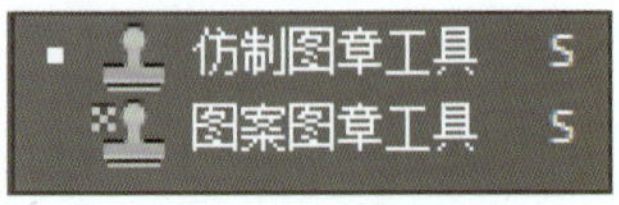

图 3.3　图章工具

三、图片去污

步骤 01　打开 Photoshop 软件，执行“文件”→“打开”命令，如图 3.4 所示。

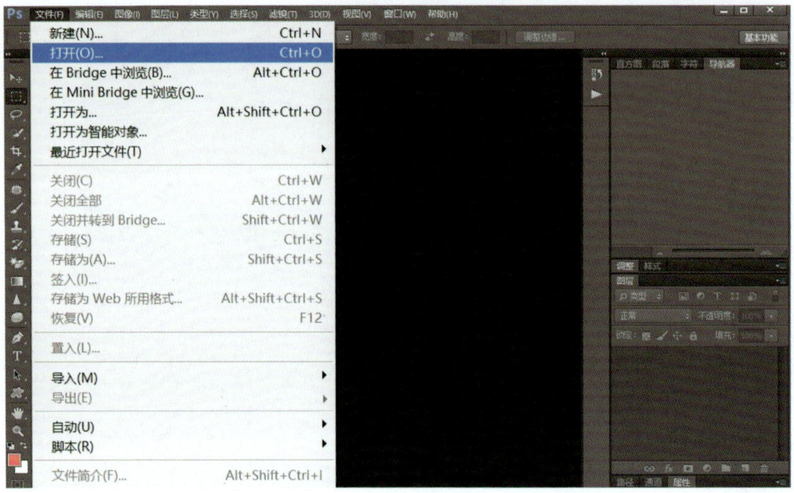

图 3.4　打开文件

步骤 02　选择素材，再单击打开。如图 3.5 所示。

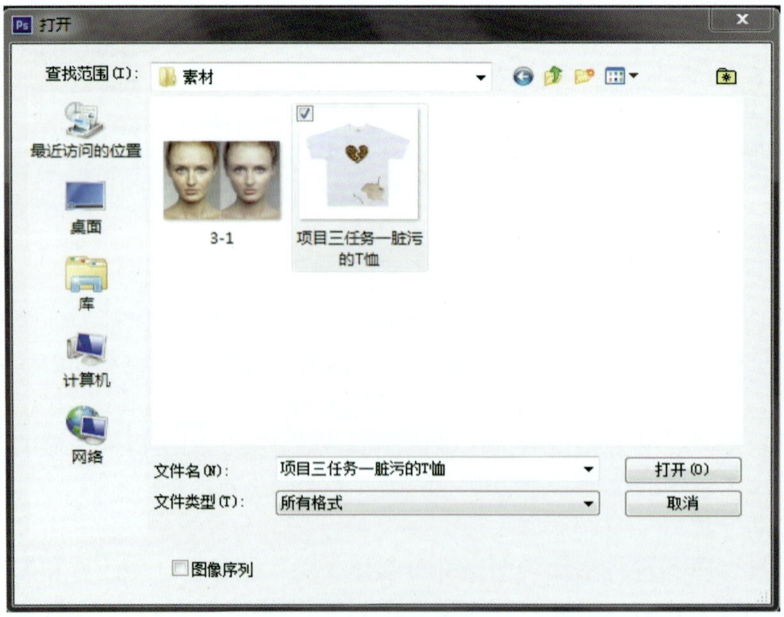

图 3.5　选择素材

步骤 03 选择“图像修复工具”→“污点修复画笔工具”。如图 3.6 所示。

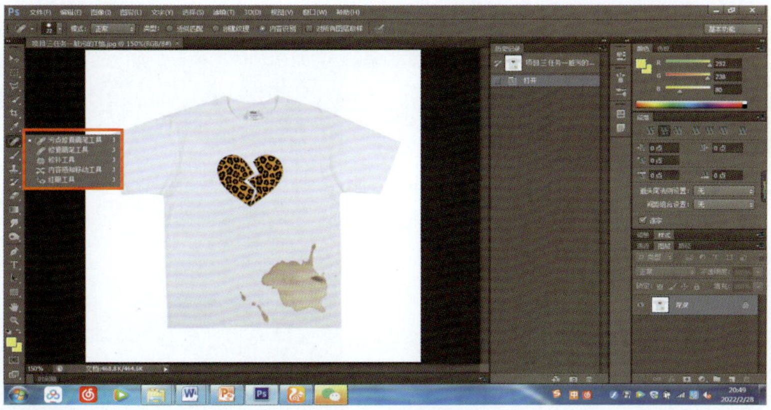

图 3.6 选择工具

步骤 04 设置相关参数，画笔大小选择适合的像素，模式默认为“正常”，类型默认为“内容识别”，如图 3.7 所示。

图 3.7 设置参数

步骤 05 在需要去除污点的地方单击鼠标左键，注意不要涂抹出商品边界，最终效果如图 3.8 所示。

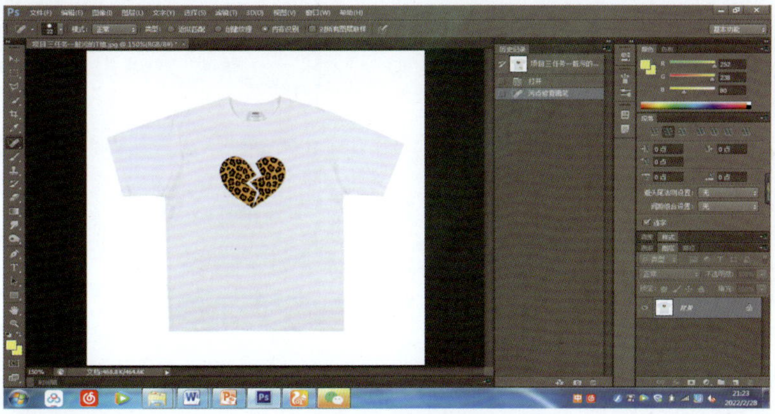

图 3.8 效果图

步骤 06 从历史记录中回到“打开”素材的步骤，如图 3.9 所示，我们来操作第二种去污方法。

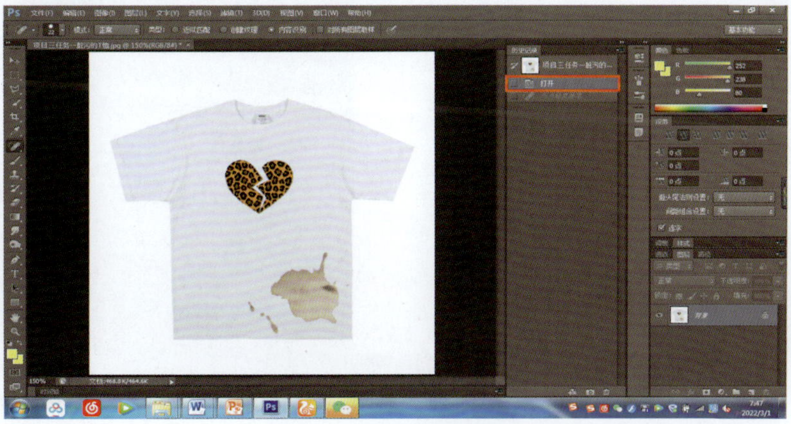

图 3.9 历史记录中退回

步骤 07 选择“图像修复工具”→“修补工具”。如图 3.10 所示。

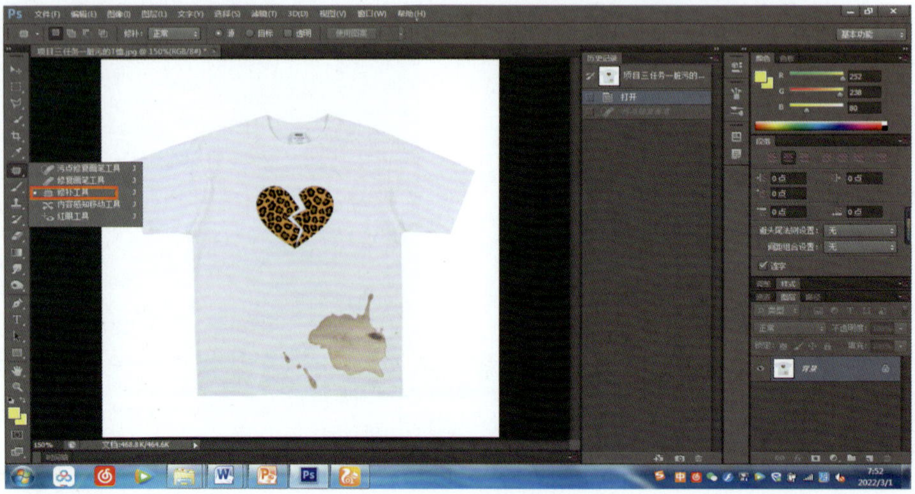

图 3.10　选择修补工具

步骤 08 选择好工具后，按下鼠标左键选择我们想要修改的区域，闭合区间后放开鼠标，自动成为选取（虚线闪动）。如图 3.11 所示。

步骤 09 按下 Delete 键，弹出“填充”对话框，设置内容为“内容识别”如图 3.12 所示。

图 3.11　选好区域

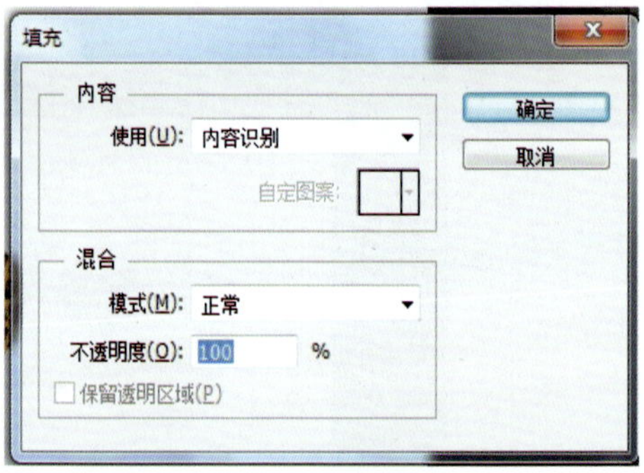

图 3.12　设置“填充”对话框

步骤 10 最终效果如图 3.13 所示，按 Ctrl+D 键取消选区。

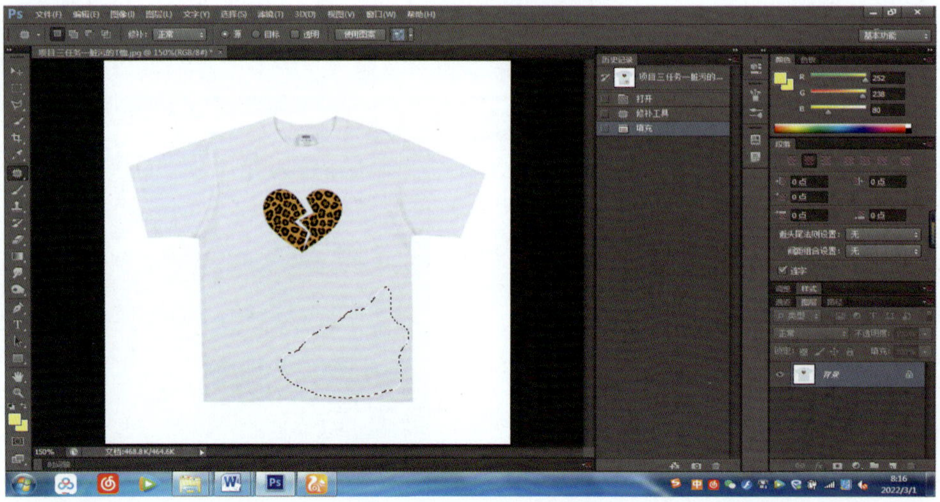

图 3.13　最终效果

任务二　图片调色

一、什么是图片调色

色彩在淘宝图片中有着至关重要的作用，合适的色彩不仅可以提升商品图片的画质还可以起到情绪渲染的作用，但在商品图片拍摄过程中，由于摄影器材、环境等限制，导致拍摄的商品图片的色彩并不理想，此时就需要进行调色。如图 3.14 所示，原片的画面色彩饱和度过低，整体画面因为色彩不强的原因显得灰蒙蒙，缺乏生机，而通过调色后则变得焕然一新。本节将讲述一下调整商品图片色彩的技巧。

二、常用的调色工具

常用的调色工具有亮度 / 对比度、色阶、色相 / 饱和度等如图 3.15 所示，下面对常用调色工具的操作方法进行逐一介绍。

图 3.14　图片调色

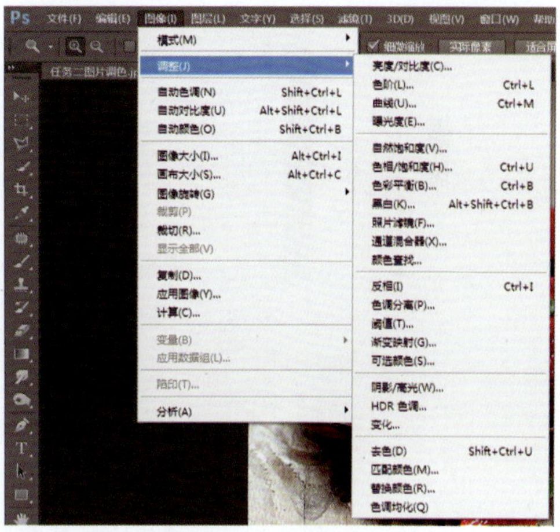

图 3.15　调色工具

1. 亮度 / 对比度

亮度 / 对比度命令可以简便、直观地完成图像亮度和对比度的调整。

2. 色阶

色阶命令的快捷键为“Ctrl+L”。色阶命令可以通过调整图像的暗调、中间调和高光等强度级别，矫正图像的色调范围和色彩平衡。

3. 曲线

曲线命令的快捷键为“Ctrl+M”。曲线命令是使用非常广泛的色调控制方式。它的功能和色阶命令相同，只不过它比色阶命令可以做更多、更精密的设置。色阶命令只是用 3 个变量（高光、暗调、中间调）进行调整，而曲线命令可以调整 0~255 范围内的任意点、最多可同时使用 16 个变量。

4. 色相 / 饱和度

色相 / 饱和度命令主要用于改变像素的色相及饱和度，而且它还可以通过给像素指定新的色相和饱和度。实现给灰度图像添加色彩的功能。

5. 色彩平衡

色彩平衡的快捷键为快捷键“Ctrl+B”。命令在彩色图像中改变颜色的混合，从而使整体图像的色彩平衡。

6. 反相

反相命令可以将像素颜色调整为它们的互补色，快捷键“Ctrl+I”如黑变白、白变黑等，该命令是不损失图像色彩信息的变换命令。

7. 匹配颜色

匹配颜色命令用于匹配不同图像之间、字个图层之圈或者多个颜色选区之间的颜色，即将源图像的颜色匹配到目标图像上，使目标图像虽然保持原来的画面，却有与源图像相似的色调。使用该命令还可以通过更改亮度和色彩范围来调整图像中的颜色。

8. 替换颜色

替换颜色命令允许先选定图像中的某种颜色，然后改变它的色相、饱和度和亮度值。它相当于执行菜单中的色彩范围命令再加上色相 / 饱和度命令的功能。

导学视频

三、图片调色

案例 1　草莓图片调色

步骤 01　打开 Photoshop 软件，执行“文件”→“打开”命令，如图 3.16 所示。

步骤 02　选择素材，再单击打开。如图 3.17 所示。

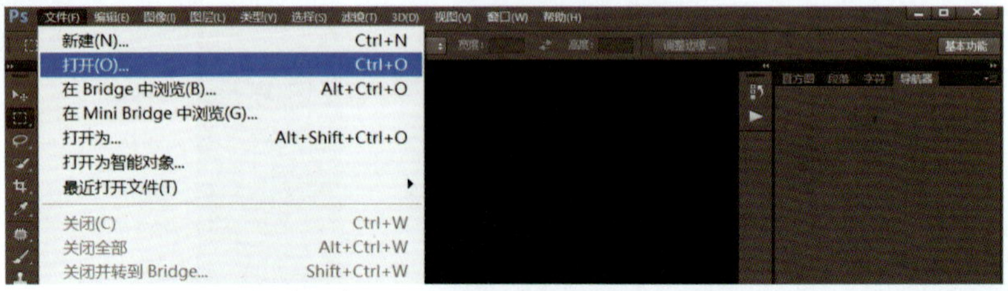

图 3.16　打开文件（一）

图 3.17　打开文件（二）

步骤 03　打开素材后，按下快捷键“Ctrl+J”键，复制“背景”图层，如图 3.18 所示。

步骤 04　执行“图像”菜单的“调整”→“亮度 / 对比度”如图 3.19 所示，参数设置如图 3.20 所示。

步骤 05　执行“图像”菜单的“调整”→“色相 / 饱和度”，参数设置如图 3.21 所示。

步骤 06　执行“图像”菜单的“调整”→“色彩平衡”，参数设置如图 3.22 所示。

步骤 07 最终效果图如图 3.23 所示，对比图如图 3.24 所示。

图 3.18　复制背景图层

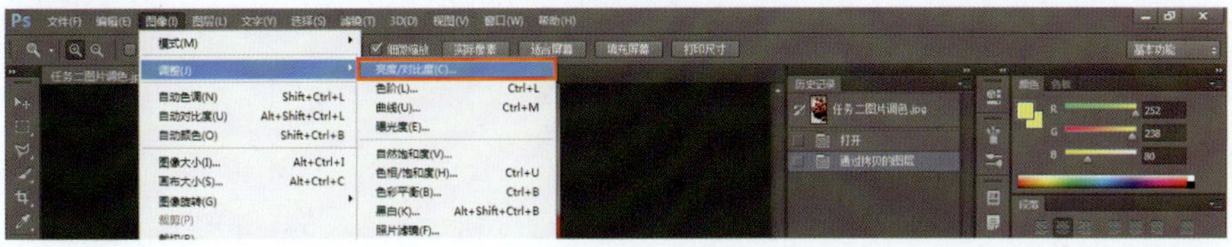

图 3.19　亮度 / 对比度

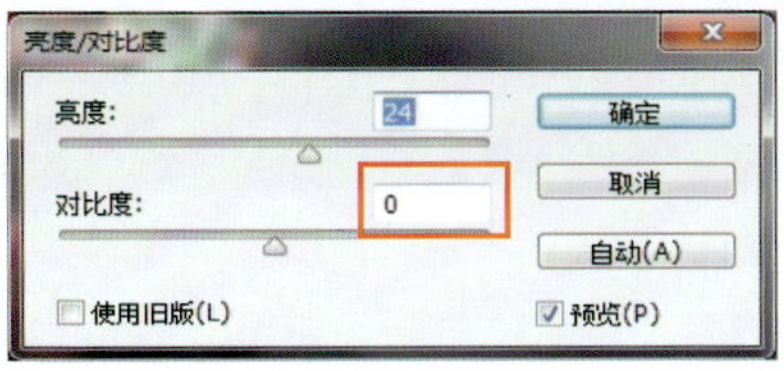

图 3.20　亮度设置

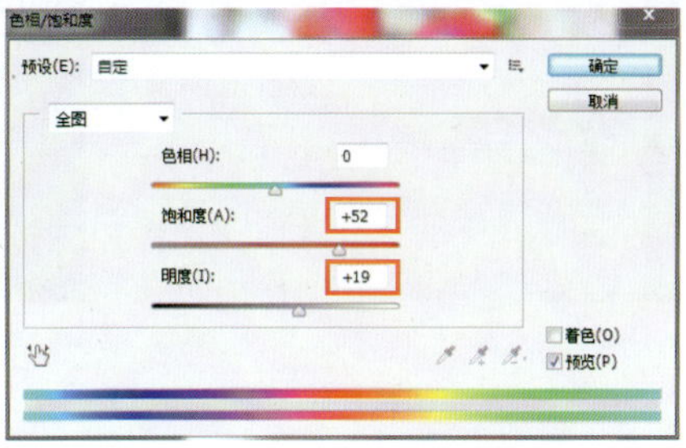

图 3.21　饱和度和明度设置

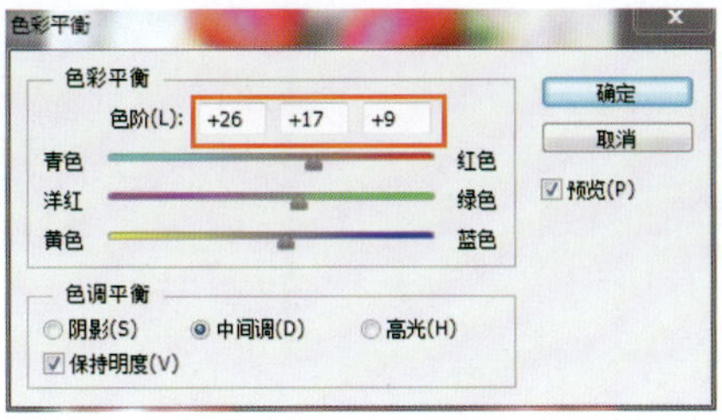

图 3.22　色彩平衡调整

图 3.23　效果图

图 3.24　对比图

案例 2　替换衣服颜色

导学视频

步骤 01　打开 Photoshop 软件，执行“文件”→“打开”命令，如图 3.25 所示。

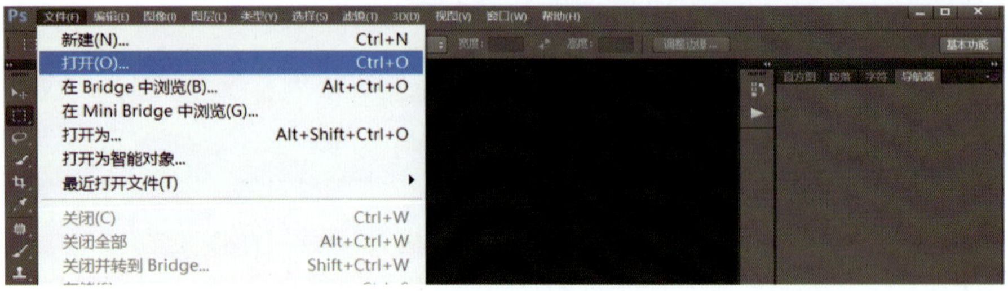

图 3.25　打开文件

步骤 02　选择素材，再单击打开。如图 3.26 所示。

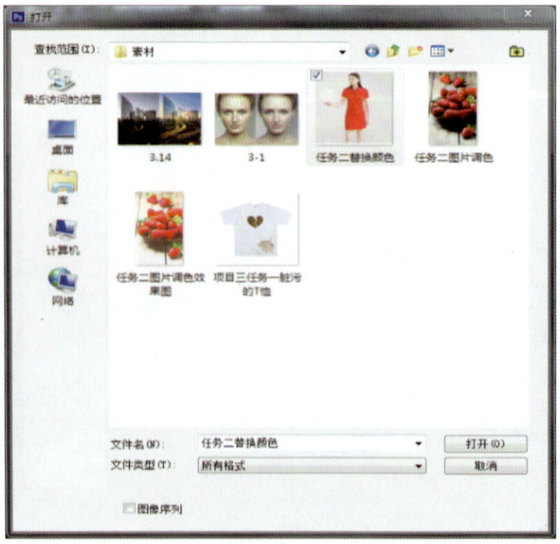

图 3.26　选择素材

步骤 03 打开素材后，按下快捷键“Ctrl+J”键，复制“背景”图层，如图 3.27 所示。

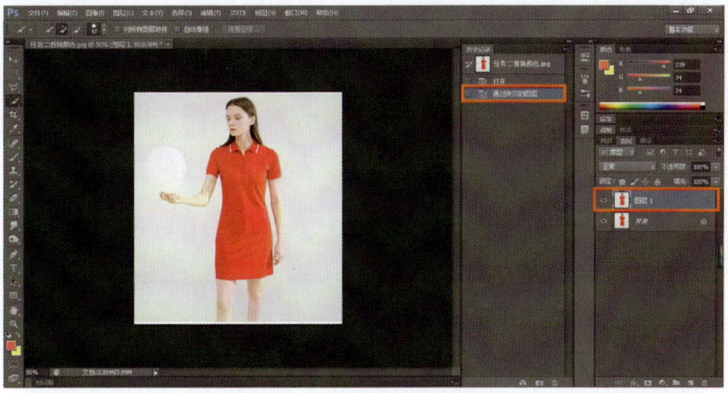

图 3.27 复制背景图层

步骤 04 进入“通道”面板，选中绿色通道往下拖动到右下角“ ”复制绿色通道，如图 3.28 所示。

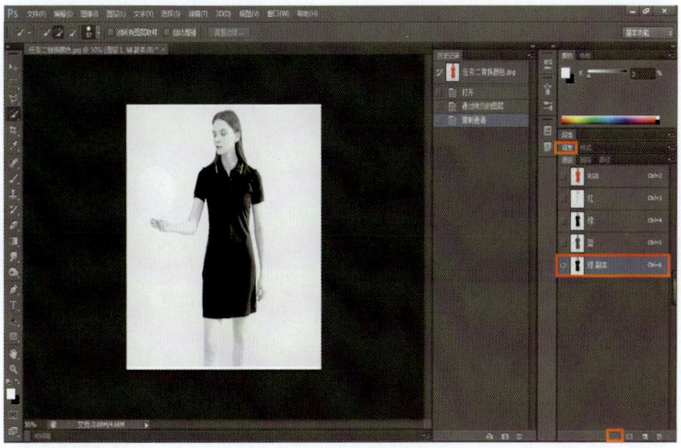

图 3.28 复制通道

步骤 05 按快捷键 Ctrl+I 键，将通道颜色反相如图 3.29 所示，按下 Ctrl+L 键调整通道色阶，参数如图 3.30 所示，再按快捷键 Ctrl+I 键返回反相。

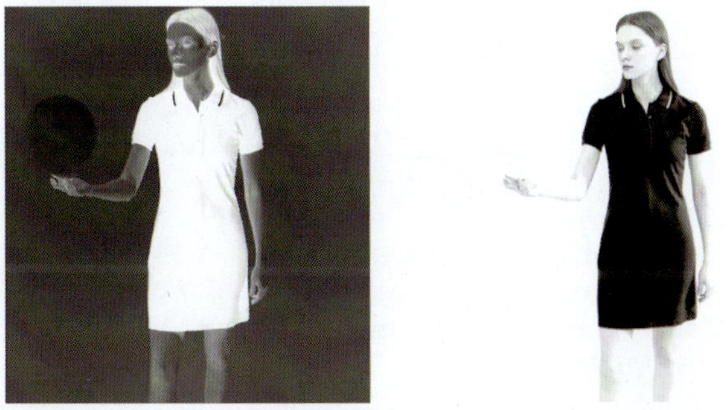

图 3.29 反相、返回反相

步骤 06 把不需要换色的部分用“画笔”涂掉，画笔的大小可以选择（可以把图片放大更方便处理），将“前景色”设置为“白色”再进行涂抹，涂抹后按住 Ctrl 键单击通道，载入选区，如图 3.31 所示。

步骤 07 按快捷键“Ctrl+Shift+I”反向选择选区，再返回“图层”面板，按下 Ctrl+C 复制，新建一个新图层后按“Ctrl+V”粘贴，如图 3.32 所示。

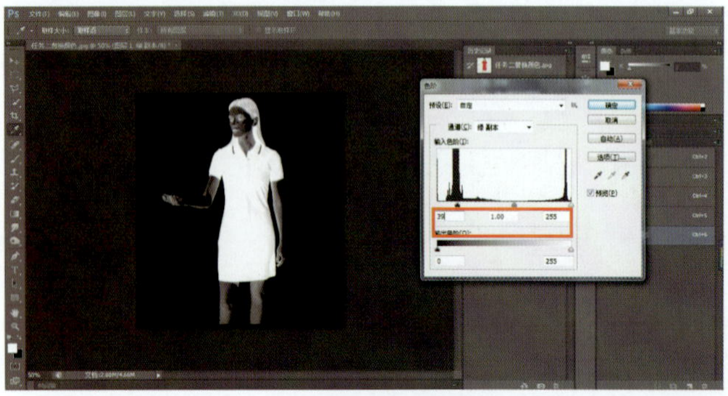

图 3.30 色阶调整

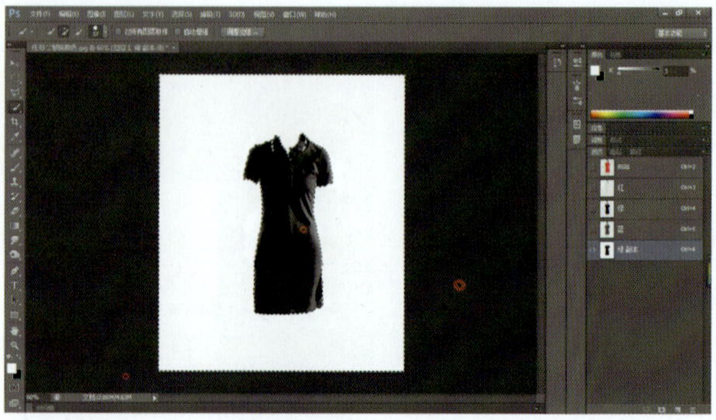

图 3.31 载入选区

步骤 08 用快速选择工具选中衣服，将“前景色”设置为自己想要的颜色，按 Alt+Backspace 快捷键进行填充如图 3.33 所示，同时将“混合模式”设置为“颜色”如图 3.34 所示。

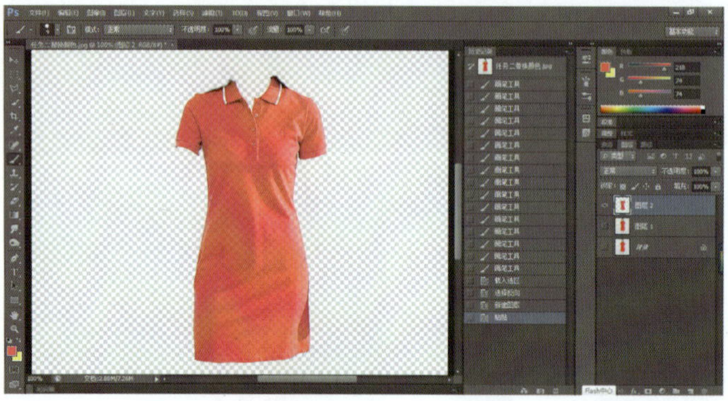

图 3.32 新建图层只有要换颜色的衣服

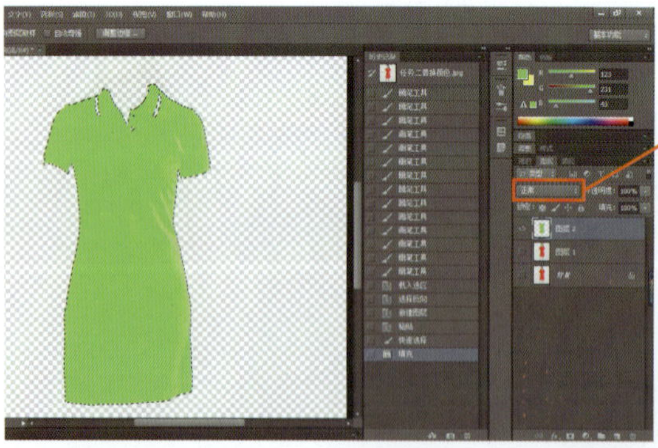

图 3.33 填充颜色

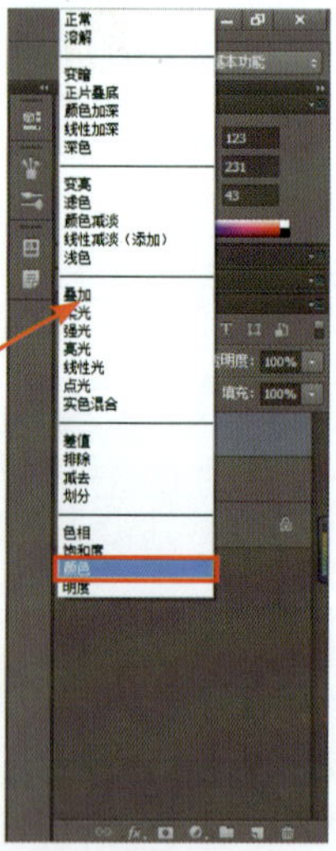

图 3.34 设置混合模式

步骤 09 最终效果如图 3.35 所示。

图 3.35　替换效果

任务三　图片修饰

导学视频

一、什么是图片修饰

图片修饰和前面介绍的图片去污、图片调色工具一样，可以起到美化图片的效果。本节将介绍几个图片修饰的工具（图 3.36）。

图 3.36　图片修饰

二、常用的修饰工具

常用的修饰工具有两组，分别是涂抹工具、模糊工具、锐化工具、减淡工具、加深工具、海绵工具，如图 3.37 所示，下面对常用修饰工具的操作方法进行逐一介绍。

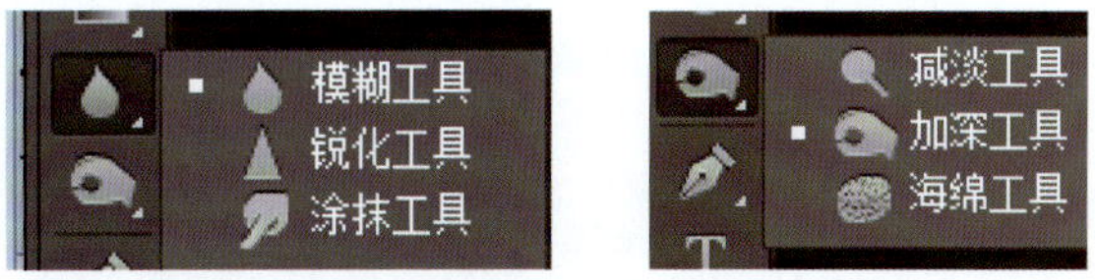

图 3.37　修饰工具

1. 涂抹工具

“涂抹工具”模拟的是在油漆或者说是在湿颜料中拖动手指的效果。在工具箱中选择“涂抹工具”。设置“涂抹工具”的工具选项栏中选项，具体如下。

“用于所有图层”复选框：选择了该选项，可以对可见图层中的图像设置涂抹效果，反之就只对当前图层使用涂抹效果。

“手指绘画”复选框：如果选中该选项，就使用前景色和当前图像中的颜色一起进行涂抹，反之就只使用图像中的颜色进行涂抹。按住“Alt”键可以临时启用“手指绘画”方式。

2. 模糊工具和锐化工具

“模糊工具”和“锐化工具”对图像产生的作用恰恰相反。“模糊工具”是柔化硬边缘或者是减少图像中的细节，而“锐化工具”是增加图像和相邻像素间的反差，从而使图像看起来更加清晰。两者互为相反却不能互补来使用，否则就会加剧图像的破坏。

3. 减淡工具和加深工具

“减淡工具”和“加深工具”的作用也是相反的。减淡工具使图像的色调变亮，可以增加图像部分区域的曝光度；加深工具使图像的色调变暗可以调节出图像的暗部。“减淡工具”或者“加深工具”的工具选项栏完全一样。其中，单击“画笔”选项后面的下拉按钮，可以打开“画笔”面板，在其中选择所需要的画笔样式。

“范围”下拉列表：其中“中间调”用于更改灰度的中间区域；“暗调”用于更改黑暗的区域；“高光”用于更改明亮的区域。

“曝光度”选项：用于指定减淡或者是加深的程度，曝光度设置的数值越高加深或者是减淡的程度就越高。

在工具选项栏中如果启用了“喷枪工具”，在没有释放鼠标之前，加深或者是减淡工具会一直工作，反之，若不启用“喷枪工具”，则鼠标单击一次就工作一次。

4. 海绵工具

“海绵工具”可以用来精确地更改选择区域的色彩饱和程度。在“海绵工具”的工具选项栏中，其他设置：“模式”列表框用于设置更改颜色的方式；“加色”用于提高图像的饱和度；“去色”用于降低图像的色彩饱和度。

三、图片修饰

案例 1　花朵图片修饰

步骤 01　打开 Photoshop 软件，执行“文件”→“打开”命令，如图 3.38 所示。

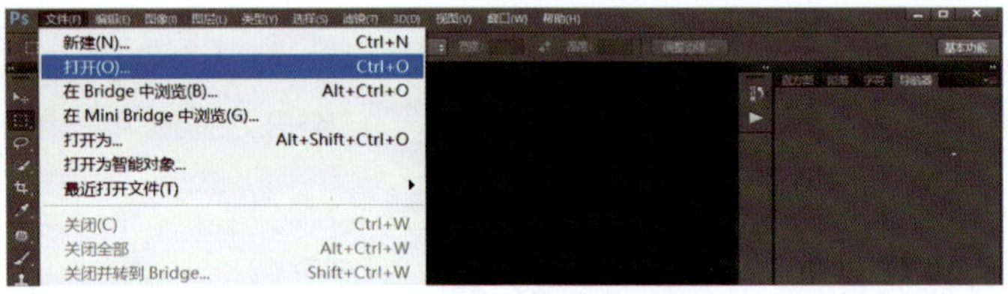

图 3.38　打开文件

步骤 02　选择素材，再单击打开，如图 3.39 所示。

步骤 03　利用前面介绍的仿制图章工具，把图片中的日期和水管去除，如图 3.40 所示。效果如图 3.41 所示。

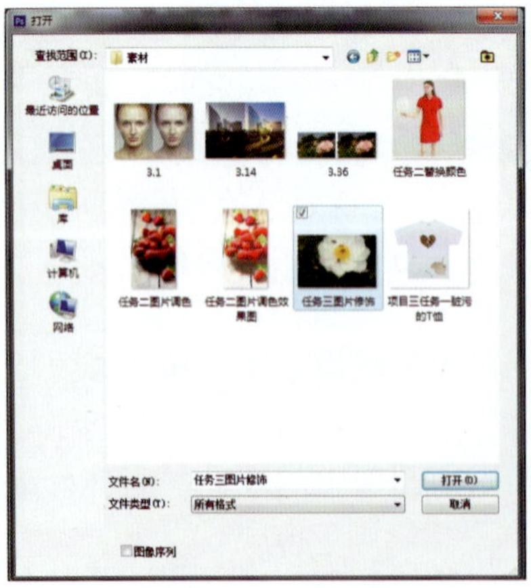

图 3.39　选择素材

图 3.40　原图

步骤 04 把背景抠出来，按快捷键“Ctrl+J”单独放在一个图层，只看当前图层，如图 3.42 所示。

图 3.41　用仿制图章后效果

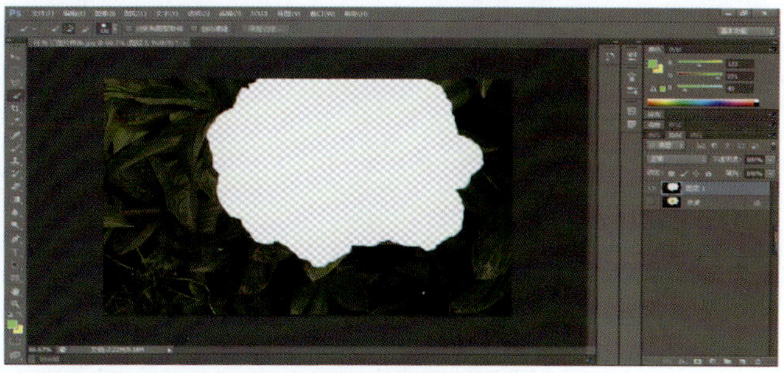

图 3.42　抠背景

步骤 05 在工具箱中选择减淡工具，参数设置如图 3.43 所示，把绿叶调亮。

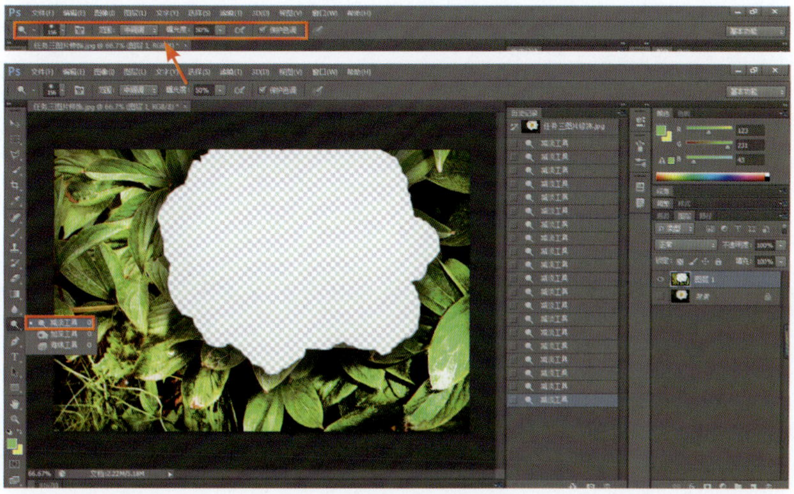

图 3.43　减淡工具

步骤 06 在工具箱中选择模糊工具，参数设置如图 3.44 所示，模糊绿叶背景。

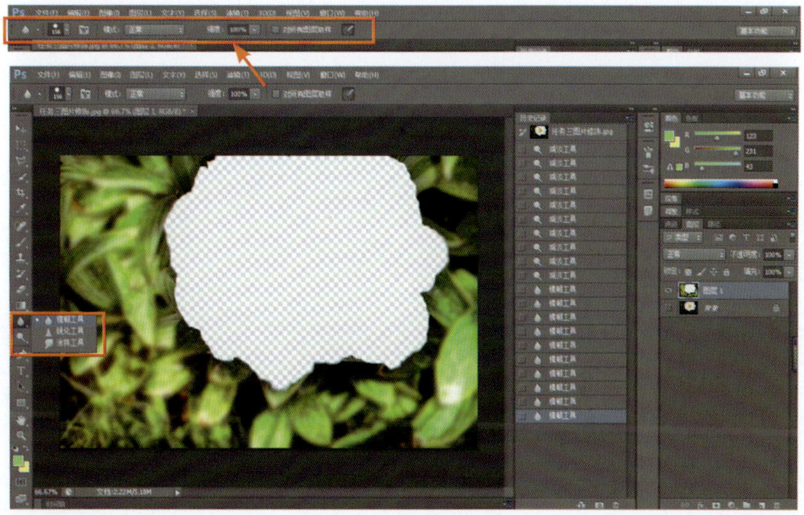

图 3.44　模糊工具

步骤 07 在工具箱中选择锐化工具，参数设置如图 3.45 所示，使花朵部分更加突出。

图 3.45　锐化工具

步骤 08 运用图片调整工具再微调调片的亮度、色彩，最终效果如图 3.46 所示。

图 3.46　效果图

单元检测

一、选择题

1. 属于色阶的快捷键是（　　）。

A. Ctrl+Z　　B. Ctrl+L　　C. Ctrl+T　　D. Ctrl+Shift+L

2.（　　）命令最主要用来调整图片鲜艳程度。

A. 色相 / 饱和度　　B. 色阶　　C. 曝光率　　D. 自然饱和度

3. 反相的快捷键是（　　）。

A. Ctrl+V　　B.Ctrl+C　　C. Ctrl+I　　D. Ctrl+T

二、简答题

1. 什么是图片去污?
2. 模糊工具和锐化工具有什么区别?
3. 修复画笔工具怎么使用?

任务四　实战训练

导学视频

实训一：图片去污和调整

把图 3.47 做图片去污（皮肤去黄、去污）和图片调整处理（调整工具、替换黄色衣服颜色）。

图 3.47　实训图一

导学视频

实训二：图片修饰

把图 3.48 做图片修饰处理（运用图片修饰工具）。

图 3.48　实训图二

项目四

常用字的滤镜效果制作

项目导入

Photoshop 中的滤镜是一种插件模块，使用滤镜可以改变图像像素的位置和颜色，从而产生各种特殊的图像效果。

在网店设计中，不同类型和风格的产品不能千篇一律的用同一种字体，在本项目中，我们学会运用 Photoshop 中自带的滤镜制作不同风格的文字。

项目目标

知识目标

√ 了解 Photoshop 中滤镜的基本概念

√ 掌握 Photoshop 中滤镜的种类

能力目标

√ 掌握 Photoshop 滤镜操作方法

√ 掌握 Photoshop 滤镜使用的原则和技巧

√ 通过制作作品，使学生学会多种滤镜综合运用

素质目标

√ 通过制作作品，增强学生的审美意识和创新能力

√ 通过制作作品，培养学生自主探究的能力

项目重点

√ 掌握 Photoshop 滤镜操作方法

√ 通过制作作品，使学生学会多种滤镜综合运用

项目难点

√ 掌握 Photoshop 中滤镜的种类

√ 通过制作作品，使学生学会多种滤镜综合运用

任务一　滤镜基础知识

一、Photoshop 滤镜

滤镜是 Photoshop 中最具吸引力的功能之一，不仅用于制作各种特效，还能模拟素描、油画、水彩等绘画效果。Photoshop 的滤镜是一种插件模块，它们能够操纵图像中的像素。我们在前面的章节中介绍过，位图是由像素构成的，每一个像素都有自己的位置和颜色值，滤镜就是通过改变像素的位置或颜色来生成特效的。

二、滤镜的分类

滤镜分为内置滤镜和外挂滤镜两大类。内置滤镜是 Photoshop 自身提供的各种滤镜，外挂滤镜则是其他厂商开发的滤镜，他们需要安装在 Photoshop 中才能使用。Photoshop 的所有滤镜都在“滤镜”菜单中。

其中“滤镜库”“镜头校正液化”和“消失点”等是特殊滤镜，被单独了列出，而其他滤镜如“风格化”“画笔描边”“模糊”“扭曲”“锐化”“视频”“素描”“纹理”“像素化”“渲染”“艺术效果”“杂色”和“其他”都依据其功能放置在不同类别的滤镜组中。如果安装了外挂滤镜，则他们也会出现在“滤镜”菜单的底部。如图 4.1 所示。

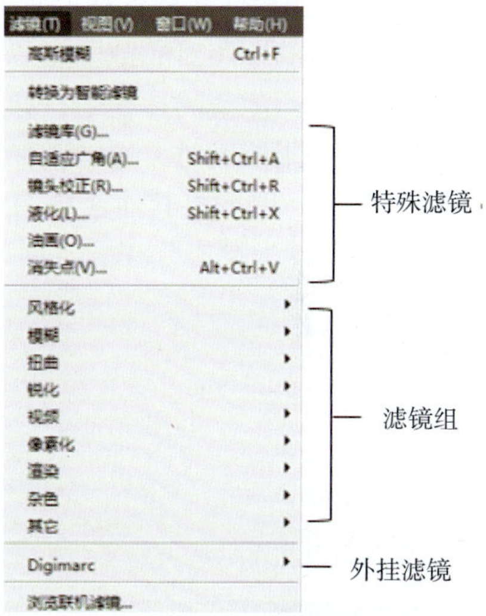

图 4.1　滤镜

从功能上可以将滤镜分为 3 大类，分别是修改类滤镜、创造类滤镜和复合类滤镜。修改类滤镜主要用于调整图像的外观，例如“画笔描边”滤镜、“扭曲”滤镜、“像素化”滤镜等：创造类滤镜可以脱离原始图像进行操作，例如“云彩”滤镜；复合滤镜与前两种差别较大，它包含自己独特的工具，例如“液化”滤镜等。

三、滤镜的使用的原则与技巧

在使用滤镜时，掌握了其使用原则和使用技巧，可以提高工作效率。下面是滤镜的使用原则与使用技巧。

① 使用滤镜处理图层中的图像时，该图层必须是可见图层。

② 如果图像中存在选区，则滤镜效果只应用在选区之内，如 4.2 图所示；如果没有选区，则滤镜效果将应用于整个图像，如 4.3 图示。

图 4.2　在选区内使用滤境效果

图 4.3　没有选区的滤镜效果

③ 滤镜效果以像素为单位进行计算。因此，在用相同参数处理不同分辨率的图像时，其效果也不一样。

④ 只有“云彩”滤镜可以应用在没有像素的区域，其余滤镜都必须应用在包含像素的区域（某些外挂滤镜除外）。

⑤ 滤镜可以用来处理图层蒙版、快速蒙版和通道。

⑥ 在 CMYK 颜色模式下，某些滤镜不可用；在索引和位图颜色模式下，所有的滤镜都不可用。如果要对 CMYK 图像、索引图像和位图图像应用滤镜，可以执行“图像 > 模式 >RGB 颜色”菜单命令，将图像模式转换为 RGB 颜色模式后，再应用滤镜。

⑦ 当应用完一个滤镜以后，“滤镜”菜单下的第 1 行会出现该滤镜的名称，如图 4.4 所示。执行该命令或按 Ctrl+F 组合键，可以按照上一次应用该滤镜的参数配置再次对图像应用该滤镜。另外，按 Alt+Ctrl+F 组合键可以打开该滤镜的对话框，对滤镜参数进行重新设置。

⑧ 在任何一个滤镜对话框中按住 Alt 键，“取消”按钮都将变成“复位”按钮。单击“复位”按钮，可以将滤镜参数恢复到默认设置。

⑨ 滤镜的顺序对滤镜的总体效果有明显的影响。

⑩ 在应用滤镜的过程中，如果要终止处理，可以按 Esc 键。

⑪ 在应用滤镜时，通常会弹出该滤镜的对话框或滤镜库，在预览窗口中可以预览滤镜效果，同时可以拖曳图像，以观察其他区域的效果。单击“-”按钮和“+”按钮可以缩放图像的显示比例。另外，在图像的某个点上单击，在预览窗口中就会显示出该区域的效果，如图 4.5 所示。

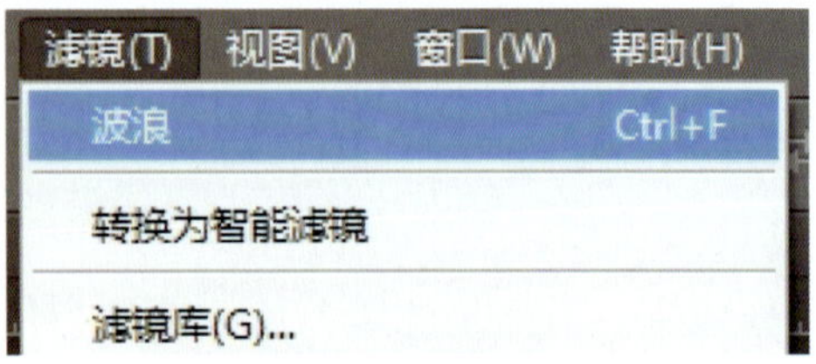

图 4.4　滤镜名称

图 4.5　预览效果

任务二　制作火焰字

导学视频

一、前言

简单的火焰字体制作，不需要同学们搜索使用任何包括火焰的图片素材，也不用安装第三方滤镜、脚本抑或扩展程序，用到的就是我们 Photoshop 自带的内置滤镜“风格化”“扭曲”。

二、操作步骤

步骤 01　首先建立一个新的图像，填充成黑色，新建时，各参数如图 4.6 所示。

步骤 02 然后用横排文字工具输入白色的文字“牛气”，字体选择较粗的“黑体”，文字大小为“72 点”，文字的位置靠下一点，如图 4.7 所示。

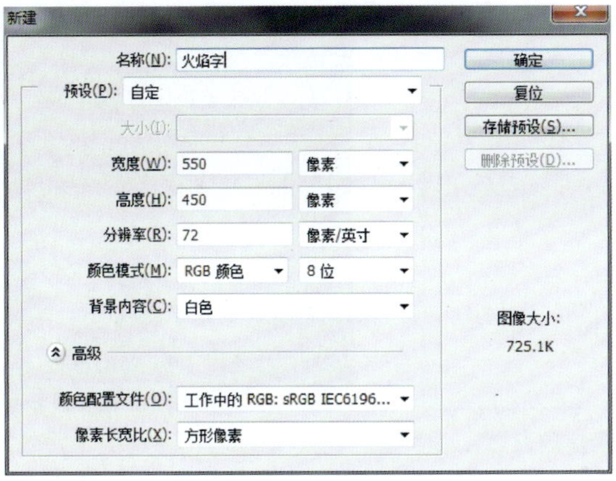

图 4.6　新建文件

图 4.7　输入文字

步骤 03 执行“图像 – 旋转画布 –90 度（逆时针）”如图 4.8 所示。效果如图 4.9 所示。

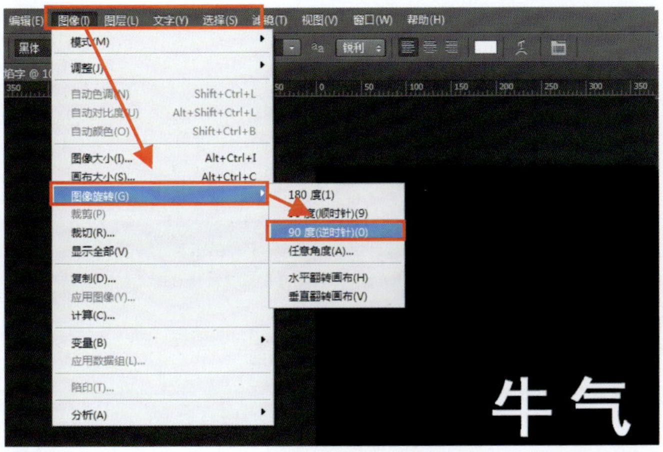

图 4.8　旋转画布

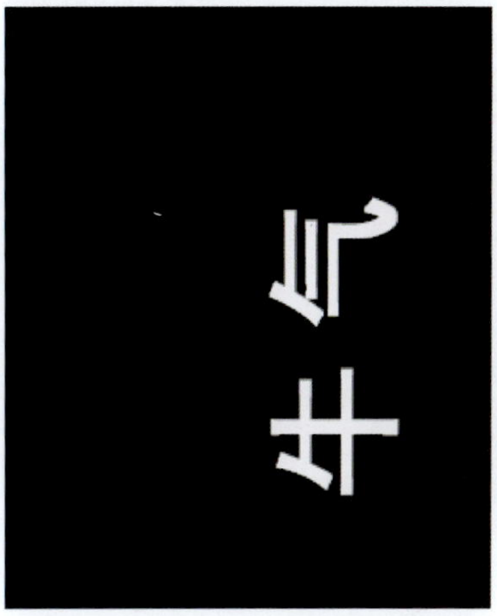

图 4.9　画布旋转效果

步骤 04 执行“滤镜 – 风格化 – 风”，如图 4.10 所示，在弹出的对话框点击“确定”栅格化文字图层后设置参数，如图 4.11 所示。确定之后可根据需要按两次 Ctrl+F 重复此滤镜，加强效果，得到效果如图 4.12 所示。

图 4.10　选择滤镜

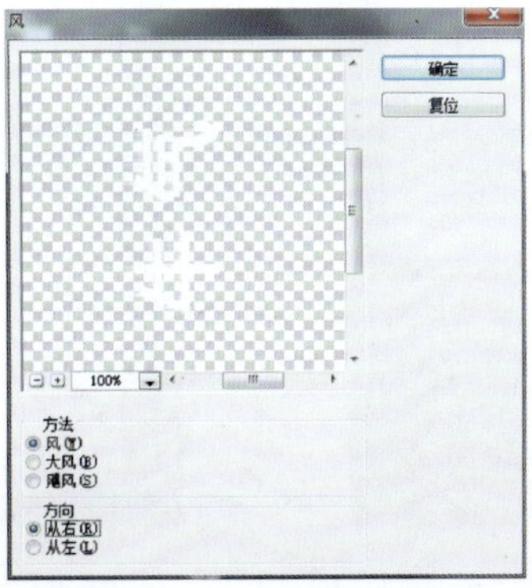

图 4.11　设置滤镜参数

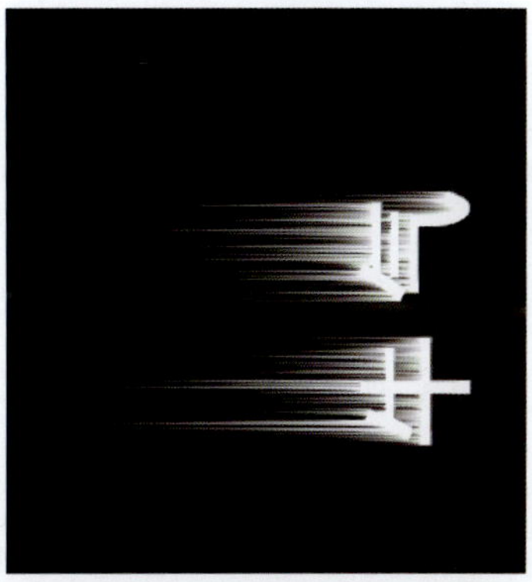

图 4.12　滤镜使用后效果

步骤 05 执行“图像－旋转画布－90度（顺时针）”，将图像正回来。然后执行“滤镜－扭曲－波纹”如图 4.13 所示，确定就可以了，参数设置如图 4.14 所示，效果如图 4.15 所示。

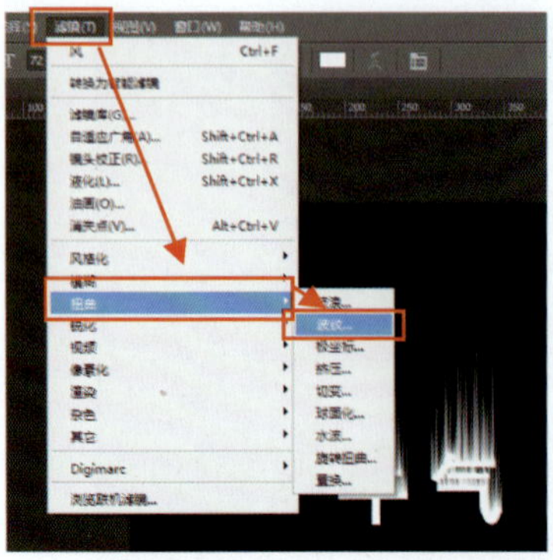

图 4.13　旋转画布

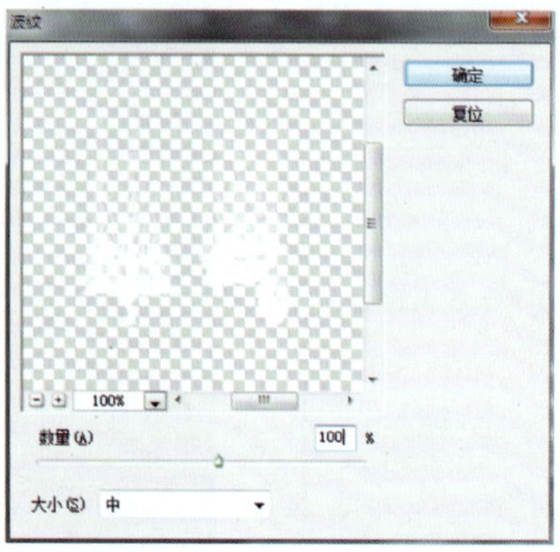

图 4.14　滤镜参数设置

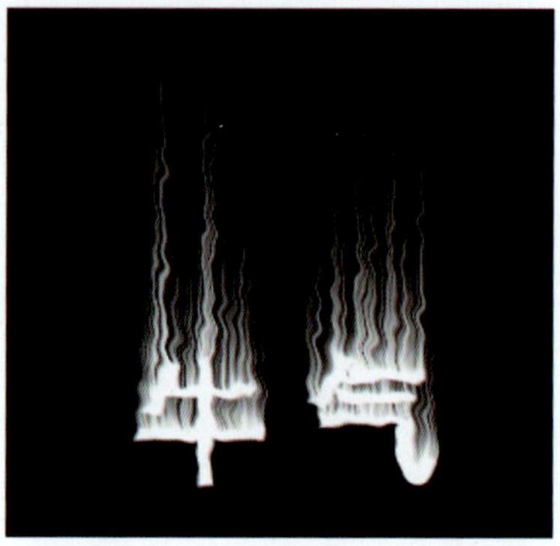

图 4.15　滤镜使用后效果

步骤 06 执行“图像－模式－灰度”如图 4.16 所示，弹出窗口选拼合然后确定，如图 4.17 所示。

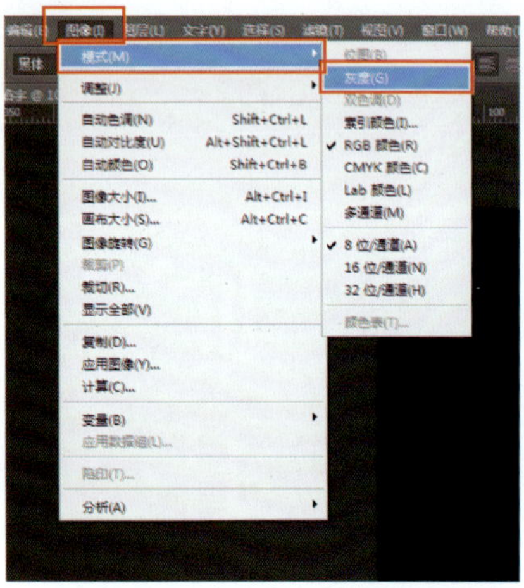

图 4.16　转换为灰度模式

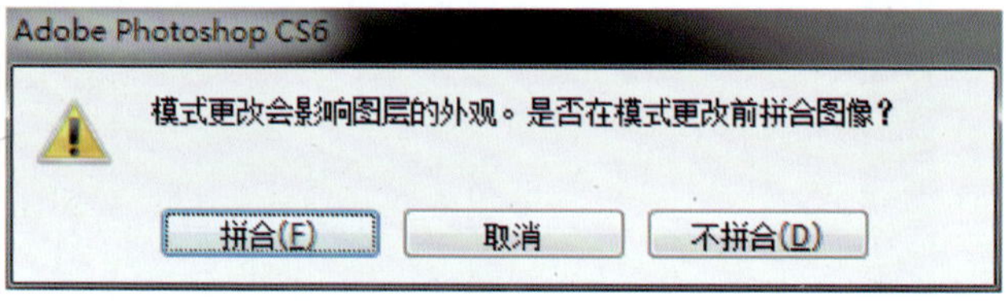

图 4.17　执行拼合命令

步骤 07 执行“图像－模式－索引颜色”如图 2.18 所示；执行“图像－模式－颜色表”，如图 2.19 所示，在弹出的对话框中选择“黑体”，如图 2.20 所示。

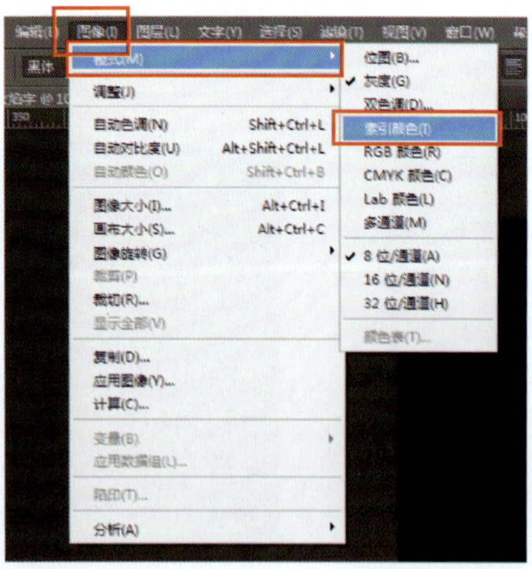

图 4.18　转换图像模式

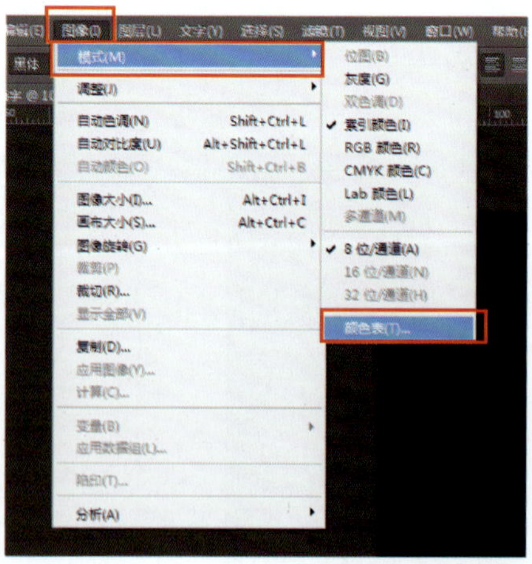

图 4.19　转换图像模式

步骤 08 最后还可以执行“图像 – 模式 –RGB”，把图片转成 RGB 模式，方便修改。最终效果如图 4.21 所示。

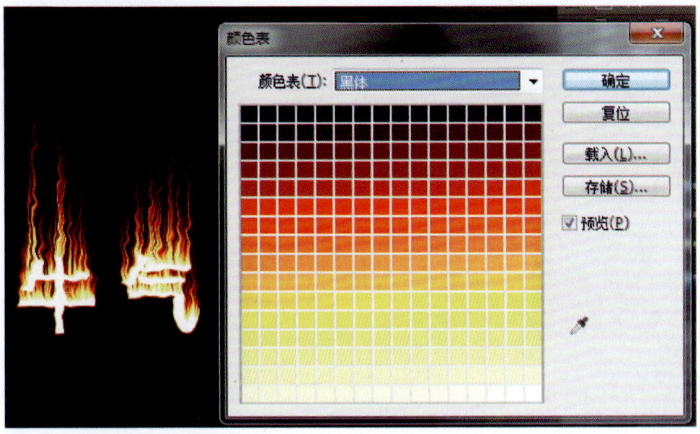

图 4.20　设置颜色表

图 4.21　最终效果图

为什么我们后面要转换颜色模式呢？因为我们要用的是颜色表的黑体，而 RGB 模式的颜色表不能用。但直接转到索引模式是转不了的，必须先要转成灰度，相当于中间介质，然后再转到索引模式，颜色表才能使用，只有颜色表的黑体是由黄色到红色到黑色的，正好火焰就是这样，然而背景是黑色的，所以只会显示黄红 2 色，更加像是火焰了。

任务三　制作木板雕刻字

导学视频

一、前言

用文字和素材相结合，通过 PS 滤镜，制作出文字的雕刻效果，让我们一起来领略 PS 滤镜的强大功能吧！

二、制作步骤

步骤 01 打开我们的 logo 图片，用魔棒工具点击 logo 图片的白色区域，如图 4.22 所示。

图 4.22　选择白色区域

步骤 02 单击鼠标右键，选择反向；或按快捷键：Ctrl+Shift+I；或执行菜单命令：选择——反向。如图 4.23 所示。

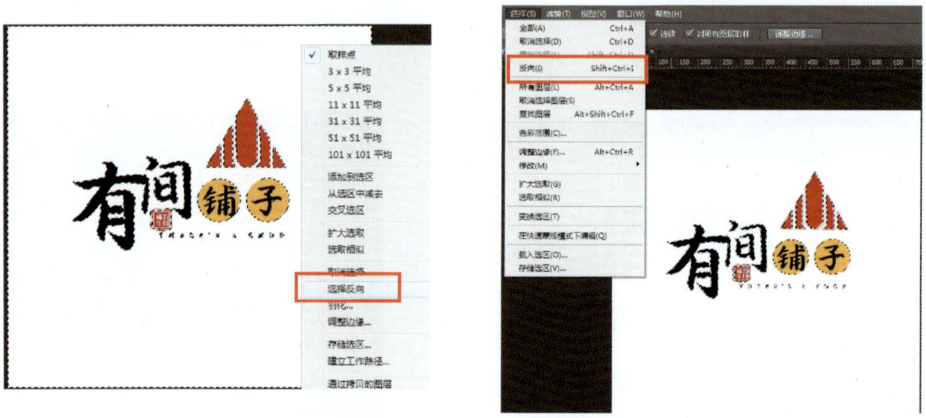

图 4.23　反向命令

图 4.24　复制图层后关闭背景层

步骤 03 按快捷键 Ctrl+J，将选取复制一层，关闭背景层，得到如图 4.24 所示效果图。

步骤 04 将抠出的 logo 保存，快捷键：Ctrl+Shift+S，文件名为 logo 标志，如图 4.25 所示。

步骤 05 打开木板素材，如图 4.26 所示。

步骤 06 点击滤镜－滤镜库－纹理库－纹理化，点击“纹理”右侧小三角形按钮，点击“载入纹理”，选择刚保存的“logo 标志”，调整好相关参数，如图 4.27 所示。

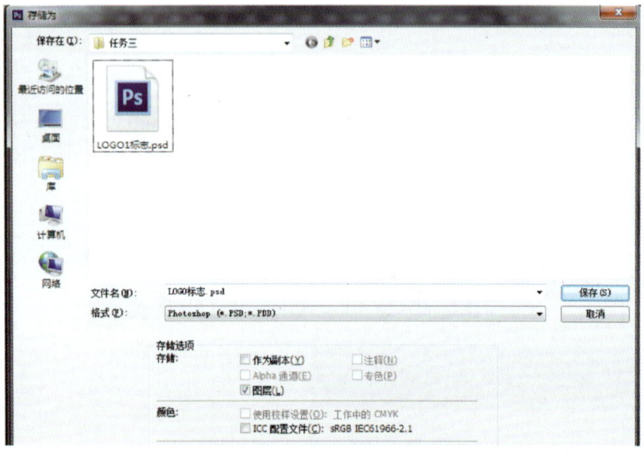

图 4.25　保存 logo 标志

图 4.26　打开木板素材

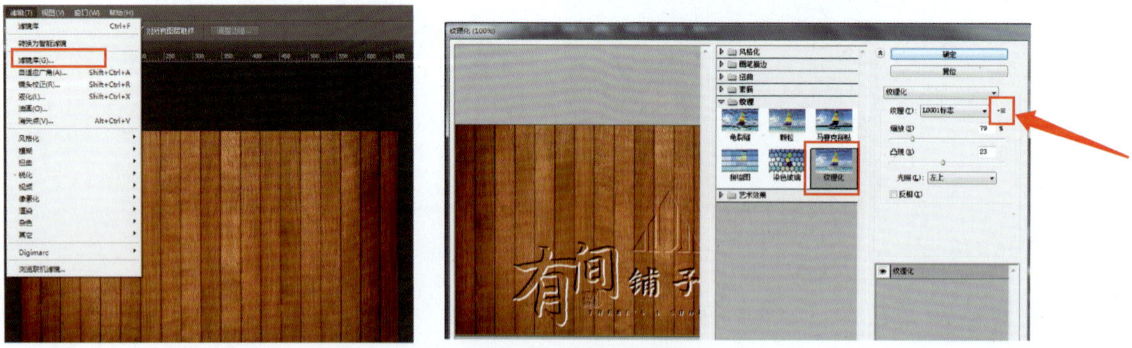

图 4.27　设置滤镜参数

步骤 07 最终效果如图 4.28 所示。

图 4.28　最终效果图

滤镜中纹理化缩放和凸显的数值，同学们可以试着来拖动一下，做到自己认为可以的效果即可。

任务四　制作个性文字

导学视频

一、前言

个性文字能凸现出特别的意境，本任务运用 PS 滤镜结合图层样式来打造这款个性文字。

二、制作步骤

步骤 01 新建一个文件。在图层面板中新建图层 1，设置前景色为白色，按 Alt+Delete 键对图层 1 填充白色。

步骤 02 执行菜单栏中的“滤镜”“杂色”“添加杂色”命令，在弹出的对话框中设置参数如图 4.29 所示，图像效果如图 4.30 所示。

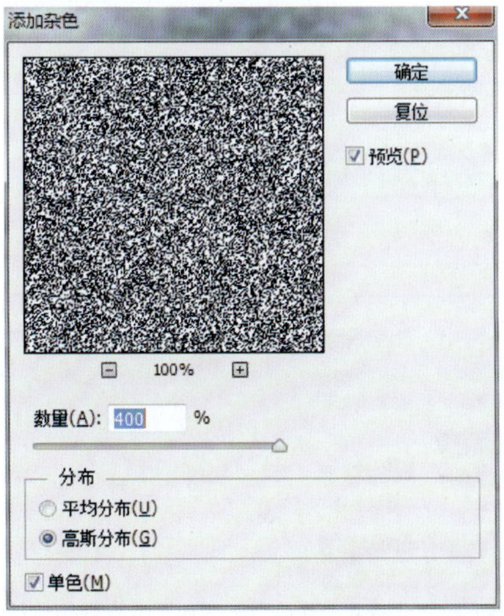

图 4.29　设置滤镜参数

图 4.30　滤镜使用后效果图

步骤 03 复制图层 1 为图层 1 副本，隐藏图层 1 副本。选择图层 1，执行菜单栏中的“滤镜”“杂色”“中间值”命令，在弹出的对话框中设置参数如图 4.31 所示，图像效果如图 4.32 所示。

图 4.31 设置滤镜参数

图 4.32 滤镜使用后效果图

步骤 04 执行菜单栏中的“图像”“调整”“色阶”命令，在弹出的对话框中设置参数如图 4.33 所示，图像效果如图 4.34 所示。

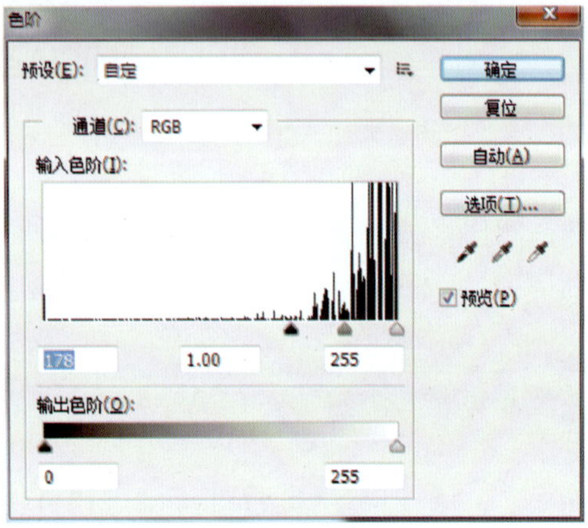

图 4.33 设置色阶

图 4.34 执行色阶命令后效果图

步骤 05 取消图层 1 副本的隐藏，选择该层，执行菜单栏中的“滤镜”“素描”“水彩画笔”命令，并在弹出的对话框中设置各项参数及图像效果如图 4.35 所示。

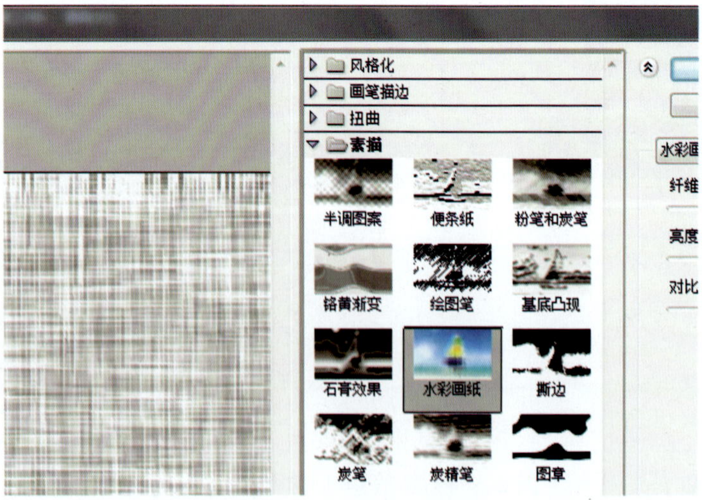

图 4.35 设置滤镜参数

步骤 06 设置图层 1 副本的图层混合模式为“线性加深”，“填充”为 40%，效果如图 4.36 所示。

步骤 07 按住 Ctrl 键单击图层 1 及图层 1 副本，执行菜单栏中的“编辑”“自由变换”命令，按 Shift 和 Alt 键拖到图像将图像适当放大，效果如图 4.37 所示。

图 4.36　设置图层混合模式后效果

图 4.37　图形放大后效果

步骤 08 在图层面板上单击“创建新的填充调整图层”按钮，在弹出的快捷菜单中选择“渐变映射”命令，在弹出的对话框中设置渐变颜色为深蓝色到浅蓝色如图 4.38 所示，效果如图 4.39 所示。

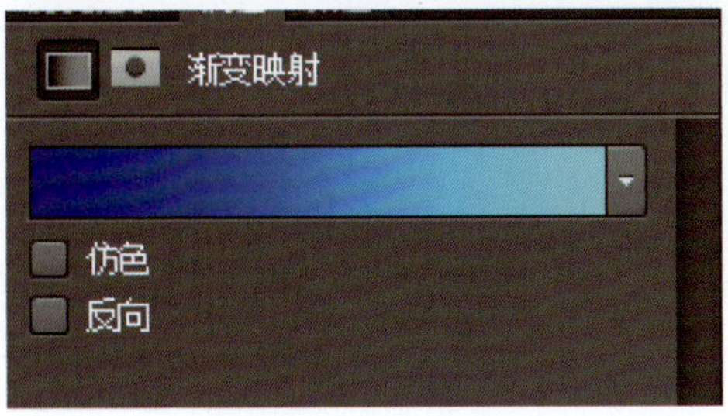

图 4.38　渐变映射

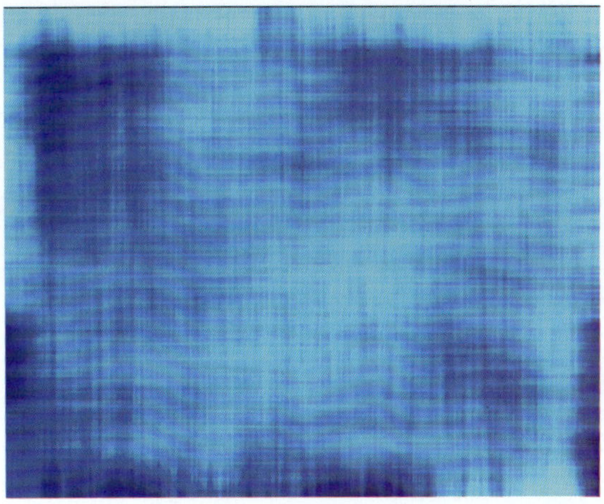

图 4.39　渐变映射后效果图

步骤 09 设置渐变映射图层的图层混合模式为“颜色加深”，“不透明度”为 75%，图像效果如图 4.40 所示。

步骤 10 选择图层 1，执行菜单栏中的“图像”“调整”“曲线”命令，在弹出的对话框中设置各项参数，如图 4.41 所示，图像效果如图 4.42 所示。

步骤 11 新建图层 2，放置图层面板最上方，按 Alt+Delete 键填充白色，执行菜单栏中的“滤镜”“杂色”“添加杂色”命令，在弹出的对话框中设置参数如图 4.43 所示。

步骤 12 执行菜单栏中的“滤镜”“像素化”“晶格化”命令，在弹出的对话框中设置参数如图 4.44 所示。

图 4.40　图层混合模式后效果图

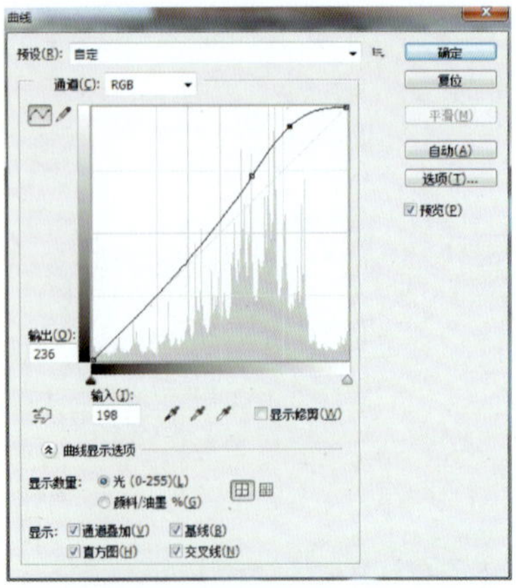

图 4.41　设置曲线命令参数

图 4.42　执行曲线命令后效果图

图 4.43　设置添加杂色滤镜参数

图 4.44　设置晶格化滤镜参数

步骤 13 执行菜单栏中的“滤镜”“杂色”“添加杂色”命令，在弹出的对话框中设置参数如图 4.45 所示。

步骤 14 执行菜单栏中的“滤镜”“杂色”“中间值”命令，在弹出的对话框中设置参数如图 4.46 所示。

图 4.45　设置添加杂色滤镜参数

图 4.46　设置中间值滤镜参数

步骤 15 按 Ctrl+I 键对图像颜色进行反转，图像效果如图 4.47 所示。

步骤 16 设置图层 2 的图层混合模式为“颜色加深”，“填充”为 55%，图像效果如图 4.48 所示。

步骤 17 新建图层 3，并填充黑色，选择工具箱中的文字工具，在窗口中输入自己想输入的各种大小的文字，效果如图 4.49 所示。

步骤 18 合并所有文字层与图层 3，执行菜单栏中的“滤镜”“纹理”“颗粒”命令，在弹出的对话框中设置参数及图像效果如图 4.50 所示。

图 4.47　图像颜色反转后效果图

图 4.48　图层混合模式后效果图

图 4.49　输入文字

步骤 19 设置该层的图层混合模式为“滤色”，最终效果如图 2.51 所示。

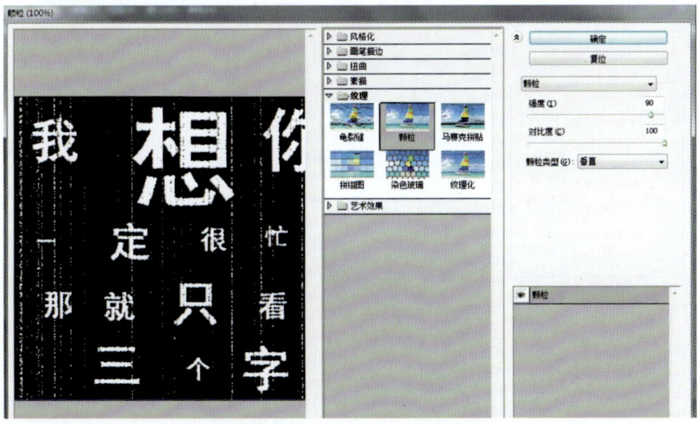

图 4.50　设置滤镜参数

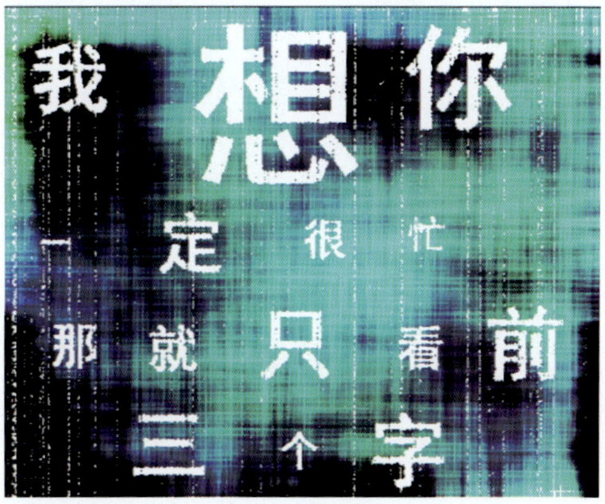

图 4.51　最终效果图

单元检测

一、简答题

1. 什么是滤镜？
2. 滤镜的分类？
3. 滤镜使用的原则与技巧？

任务五　实战训练

实训：制作马赛克拼图字

导学视频

最终效果如图 4–52 所示。

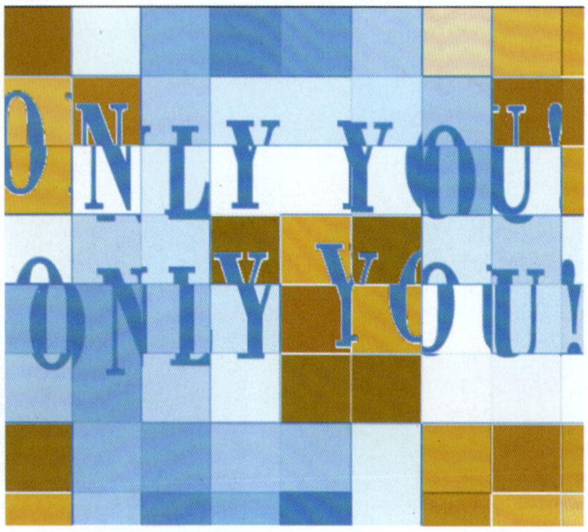

图 4.52　马赛克拼图字效果图

项目五

店铺装修的基本设置

项目导入

店标是店铺的重要标志之一。是店铺形象、特征、文化的浓缩。它的作用是将店铺的经营理念、经营内容、品牌文化等要素传达给买家。一个出色的店标可以给买家留下深刻的印象，从而形成品牌效应，让买家更容易记住店铺。

项目目标

知识目标

√ 能够描述店标设计的原则
√ 了解一般店铺标志设计的尺寸以及相关类型
√ 熟悉店铺标志的一般设计流程
√ 掌握店铺标志的设计要点
√ 掌握背景制作的基本原则

能力目标

√ 能对不同场景设计不同风格店标
√ 能对不同场景制作不同风格店铺背景

素质目标

√ 培养学生正确认识美工的岗位职责
√ 通过调研美工岗位职责培养团队合作意识

项目重点

√ 设计、制作店标
√ 背景设计

项目难点

√ 不同场景、风格的店标制作

导学视频

任务一　店标的制作

一、店标的基本概念

店标是店铺的标志，通常显示在店铺的左上角或首页搜索店铺列表页等处。左侧正方形的小图标即为店铺的店标。在店铺搜索结果页中，买家单击店标即可快速地跳转到相应的店铺中，对于知名度比较高的品牌而言，这种方式也是店铺的常见流量来源之一。好的店标可以吸引买家点击进入店铺。因此，制定一个有个性的店标，是网店美工必做的一项工作（图 5.1）。

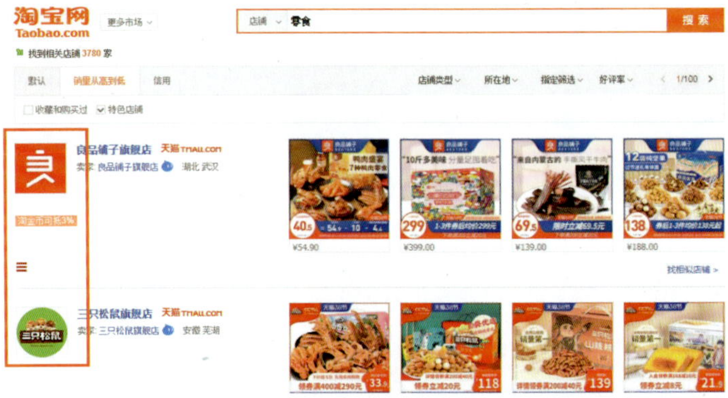

图 5.1　搜索淘宝店铺时店标的展示效果

二、店标的三个基本类型

店标从形态上大致可分为三大类型：文字店标、图形店标和图文店标。

1. 文字店标

主要包含汉字标志、拉丁文标志和数字标专，其中拉丁文标志在文字店标设计中占主导地信。此类标志看上去简约却不简单，设计前要对文字结构有深入的了解，抓住其特点，可进行适当夸张、变形和美化等加工，也是使用较广泛的一类店标。

2. 图形店标

通过几何图案或象形图案来表示的标志。图形标志可分为 3 种，即具象图形标志、抽象图形标志与具象抽象相结合的标志。相对文字店标来讲，图形店标是通过形状的变化表示的，故它更加直观、形象，且视觉吸引力更强。

3. 图文店标

图文组合标志集中了文字标志和图形标志的长处，克服了两者的不足，让平淡无味的文字瞬间生动形象。

三、店标设计的原则

店标的设计会因店铺的产品（主题）定位、风格定位的不同而有所不同，所以店铺的标志千变万化。在设计店标时，通常需注意以下几个方面的问题。

1. 店标的尺寸要求

店标的设计应符合网店的尺寸规范，否则很容易导致图片变形，这样不仅影响视觉效果，也会影响客户体验。淘宝店标的文件格式为 GIF、JPG、JPEG、PNG，建议尺寸为 80×80px，文件大小为 80kB 以内。

2. 新颖独特

店标是用来表达店铺的独特性的，它要让买家清楚店铺的独特品质和风格。它可以是简单的图形、文字或图文组合，甚至可以直接店名制作成店标。在制作店标时，要善于使用夸张、重复、抽象和寓意等手段，使设计出来的店标更易于买家记忆。

3. 信息简练，明确表达

店标是一种直接表达的视觉语言，要求产生瞬间效应。由于店标受尺寸的限制，不宜太过复杂，要利于查看，因此店标的外观要尽量简洁，要求简练、明确、醒目。图案切忌复杂，也不宜过于含蓄，要做到近看精致巧妙、远看清晰醒目，从各个角度、各个方向来看都有较高的识别性。

四、店标设计实施

1. 制作的构思

通过文字、图案的组合可以得到理想设计风格、还可以通过图像化进行显示，将制作时用到的标准色附加到演化过程的下方，更能清晰明了地知道店标在设计时使用的颜色（图 5.2）。

标准配色：#47e4ea #fbad19 #a2d037 #c42a39

图 5.2 店标配色

2. 操作步骤

店标的具体制作思路明确后，之后的过程为：制作过程中简化图案，将图案与字体结合，字体的再设计完成店标的构思。按照 80×80px 的大小进行编辑，图像太小，操作起来不方便，这里将大小创建为店标的 5 位，之后再将其缩小。

步骤 01 新建大小为 400×400 像素，分辨率为 72 像素每英寸，名称为“橙子空间店标”的白色画布。如图 5.3 所示。

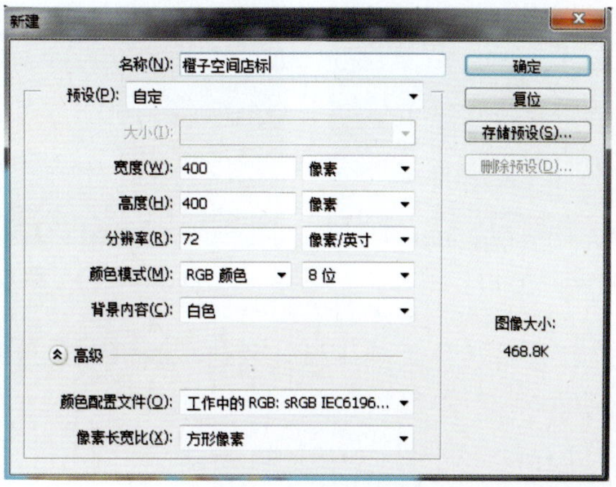

图 5.3 新建画布

步骤 02 创建新图层“图层 1”，按 Alt+Delete 组合键填充前景色，颜色为“#47e4ea”。如图 5.4 所示。

步骤 03 使用椭圆绘制工具绘制直径 196 像素的圆形选框，填充色“无”、描边“8 点、#fbad19”，图层“椭圆 1”。如图 5.5 所示。

图 5.4　填充背景色

图 5.5　绘制圆形选框

步骤 04 用钢笔工具绘制半圆，新建图层“图层 2”，填充色“#fbad19”按快捷键“Ctrl+T”调整至合适位置、大小。如图 5.6 所示。

步骤 05 参考上一步，绘制扇形填充色“#fbad19”创建“图层 3”，按快捷键 Ctrl+J 重复三次复制图层“图层 3 副本”“图层 3 副本 2”“图层 3 副本 3”，调整至合适位置。如图 5.7 所示。

图 5.6　制半圆

图 5.7　绘制扇形

步骤 06 利用钢笔工具绘制叶子，填充色“#a2d037”，调整至合适位置、大小。如图 5.8 所示。

步骤 07 选择“横排文字工具”，字体格工设置为“Aril、48 点、平滑、#c42a39”，输入文字“orange　zone”。按 Ctrl+T 快捷键。调整字体至合适位置。如图 5.9 所示。

图 5.8　绘制叶子

图 5.9　文字输入

步骤 08 双击文字图层，打开图层样式对话框，勾选“投影”复选框，对其参数进行设置。如图 5.10 所示。

步骤 09 保存文字，完成店标设计制作。如图 5.11 所示。

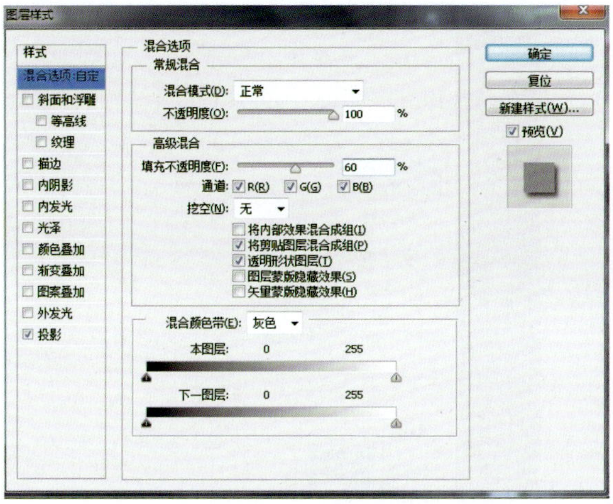

图 5.10 效果设置

图 5.11 最终效果图

任务二 页面背景制作

店铺背景是店铺整体风格的体现，合理地设置店铺背景，更好地跟店铺广告图、店铺产品展示有一个良好的配合。

一、页面背景的分类

背景显示有 4 种方式：平铺、纵向平铺、横向平铺和不平铺。在正常的设置中，常用到的有平铺、纵向平铺和不平铺，以下具体介绍这三种平铺方式的使用范围。

1. 纵向平铺背景

就是整个店铺的页面背景是由一个小块背景竖向平铺而成。纵向平铺常用于区分主区域和辅区域背景。

2. 全平铺背景

通过对一张图片进行横向和纵向平铺而生成衔接自然的背景图。为了使页面整洁舒服，不能使用图案过花、颜色杂乱的背景图，全铺背景可以使用纯色、规则花纹、墙砖、布料等纹理效果作为背景图。

3. 不平铺背景

不平铺背景在首页的整体设计中经常用到，店铺背景的整张图片都是设计好的或者背景本身就是一张图片，有不规则形状或信息，如果平铺会影响到图片的效果，我们一般都选择不平铺。

二、页面背景的设置

1. 纵向平铺背景

PS 制作好的背景图，如图 5.12 所示。

步骤 01 打开千牛卖家中心—店铺—PC 店铺装修—首页—装修页面—页面，单击“更换图片”并上传制作好的背景图片。如图 5.13 所示。

步骤 02 选择平铺和居中，如图 5.14 所示。

步骤 03 点击左上角的“预览”就能看到背景效果。如图 5.15 所示。

图 5.12 背景图

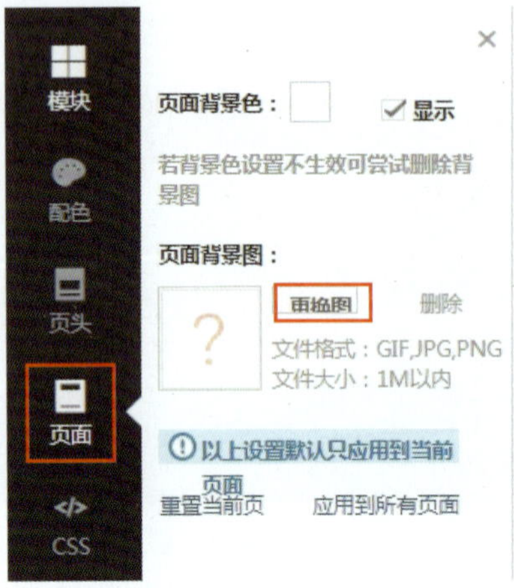

图 5.13　页面设置

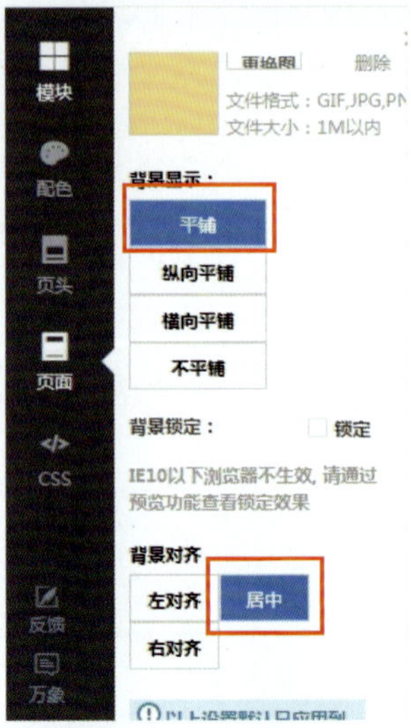

图 5.14　平铺设置

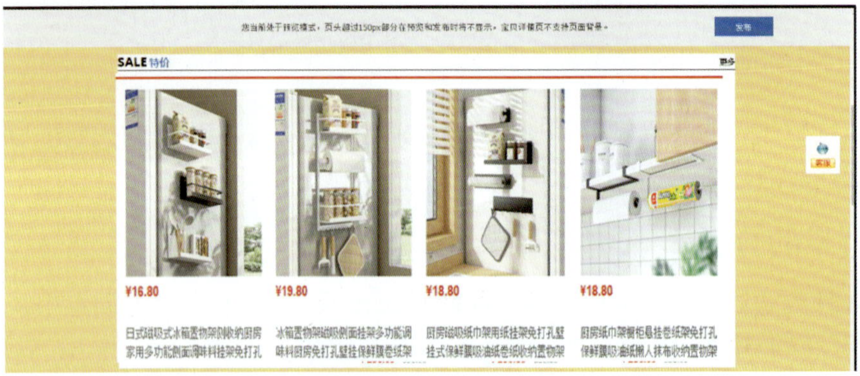

图 5.15　预览效果

1. 全平铺背景

步骤 01 打开 PS，新建一个像素为 950×200px 的文件，新建一个图层，填充色“#e99313”（图 5.16）。

图 5.16　新建图层

步骤 02 执行图像→画布大小，宽度修改为 1920 像素。如图 5.17 所示。

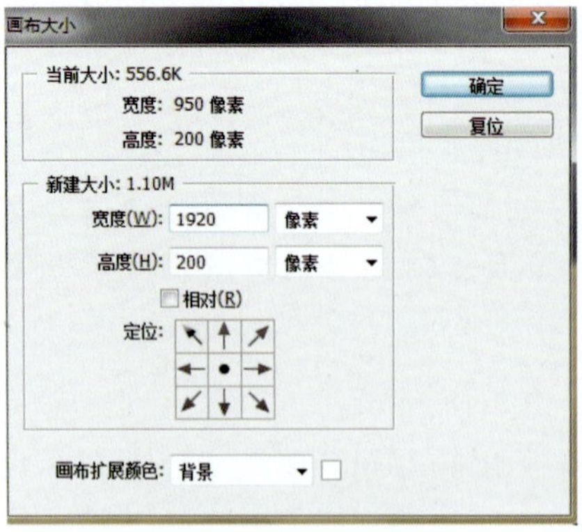

图 5.17　修改宽度

步骤 03 把背景颜色填充为“#f3547d”，并把图片图存成JPG格式。如图5.18所示。

图5.18 居中

步骤 04 在页面设置，上传做好的图片，并选择“纵向平铺、居中“，如图5.19所示。

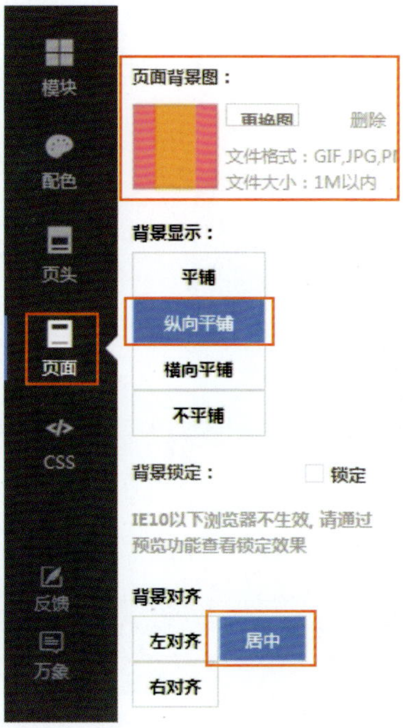

图5.19 纵向平铺

步骤 05 完成后，单击预览就能看到效果，如图5.20所示。

图5.20 效果预览

3. 不平铺背景

步骤 01 在网上下载好宽度为1920像素，高度高于整个页面高的背景图片。如图5.21所示。

步骤 02 上传下载好的背景，选择“不平铺”“居中”。如图 5.22 所示。

图 5.21 背景图

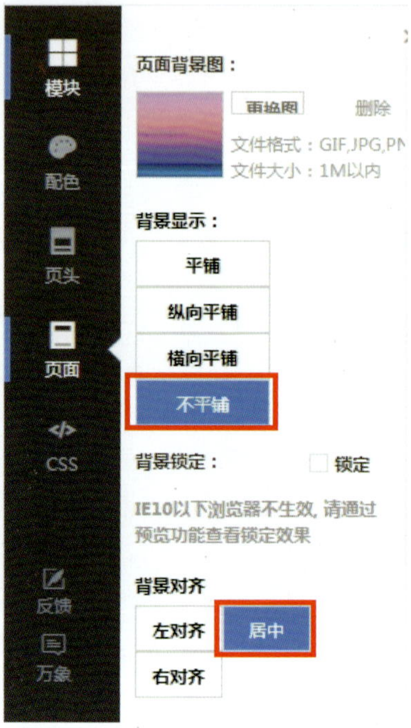

图 5.22 居中

步骤 03 设置好之后，预览就能看到效果。如图 5.23 所示。

图 5.23 效果预览

单元检测

一、填空题

1. 店标尺寸建议为__________，文件大小。__________以内。
2. 店标从形态上大致可分为三大类型：__________、__________和__________。

3. 背景显示有 4 种方式：__________、__________、__________和__________

二、简答题

简述店标设计的基本原则。

任务三　实战训练

导学视频

实训：设计店铺标志

店铺基本情况设计要求说明如下（图 5.24）。

1. 店铺名称：时光咖啡。

图 5.24　效果参考图

2. 设计要求：图文结合。

项目六

店铺首页的制作

项目导入

店铺首页是一家店铺的门面，直接决定了店铺的形象与风格。店铺装修的效果直接影响商品的价值感呈现。设计优秀的店铺首页能提高页面停留时间、访问深度、点击率等相关数据，在品牌形象传达、活动传达、流量疏导等方面都起着至关重要的作用，也直接影响了消费者的购物体验。

项目目标

知识目标

√ 了解店招的基本制作
√ 熟悉导航模块的制作
√ 掌握海报设计要点

能力目标

√ 掌握店招制作的基本制作
√ 根据不同风格、要求与场景设计相应海报

素质目标

√ 培养学生正确认识美工的岗位职责
√ 通过调研美工岗位职责培养团队合作意识

项目重点

√ 熟悉店招的基本制作
√ 掌握不同场景下海报的设计

项目难点

√ 海报制作

任务一　店招的制作

店招相当于实体店铺的招牌，是淘宝店铺最上方用于显示店铺名称和店铺 LOGO 的区域，也就是客户进入店铺时，第一眼看到的就是店招，所以利用好的店招进行信息的传达以及店铺形象展示是非常重要的。

一、店招的设计要点

1. 店招风格

店招风格的设计应根据店铺销售的产品和店铺的风格进行，比如说国潮风的女装和可爱风格的女装的店铺就会有很大的不同。

2. 店招背景

店招左右两侧为店招的背景区域，在店招设计过程中也要对店招背景进行设计。

3. 店招内容

店招上面可以有：店铺名、店铺 LOGO、店铺 slogan、收藏按钮、促销产品、优惠券、活动信息等一系列信息。如果可以，几乎所有能想到的内容都能在店招上面进行展现。除了店铺名必然出现外，其他内容都可以按照卖家具体情况进行安排。

二、店招制作

默认的店招模块是 950 × 120 像素，下面通过实例介绍将制作好的店招装修到店铺中（图 6.1）。

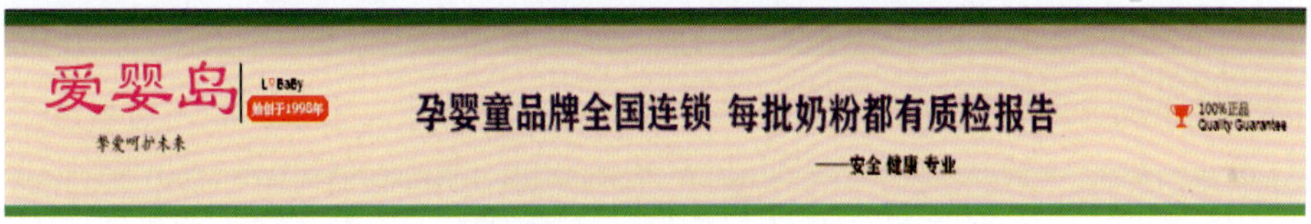

图 6.1　最终效果图

步骤 01 为了方便设置页头背景，新建 1920 × 120 像素的文件，如图 6.2 所示。

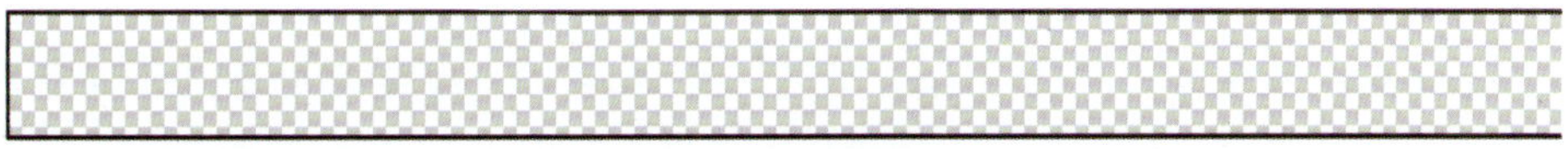

图 6.2　新建图层

步骤 02 导入背景素材。如图 6.3 所示。

图 6.3　导入背景素材

步骤 03 按 Ctrl+R 键打开标尺，拖动基准线到 485 像素和 1435 像素，店招展示内容需在 485~1435 像素范围内（图 6.4）。

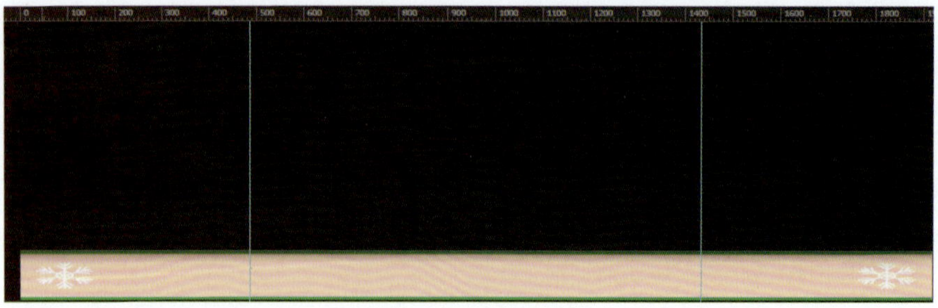

图 6.4　标尺固定位置

步骤 04 输入颜色为 #d91078，字体为隶书的店铺名称，并调整字体大小移动至合适位置。如图 6.5 所示

图 6.5　输入店铺名称

步骤 05 建立一个 60×15 像素圆角矩形，颜色 #f8192d。如图 6.6 所示。

图 6.6　新建圆角

步骤 06 在圆角矩形上输入文字“始创于 1998 年“，字体为华文中宋，颜色为白色。如图 6.7 所示。

图 6.7　输入文字

步骤 07 在店铺名称下方输入店铺 slogan“挚爱呵护未来“，字体为楷体，并调整到合适大小。如图 6.8 所示。

图 6.8　添加文字

步骤 08 在店铺名称和店铺 slogan 之间建立一条 1×34 像素黑色线条。如图 6.9 所示。

图 6.9　添加隔线

步骤 09 在圆角矩形上方输入文字“L BaBy”，字体 Aral，颜色 #000000。在 L 与 B 之间插入图形“心型”。如图 6.10 所示。

图 6.10　输入文字

步骤 10 在店招中间输入“孕婴童品牌全国连锁每批奶粉都有质检报告”，字体为方正粗黑宋简体，颜色为 #060435。如图 6.11 所示。

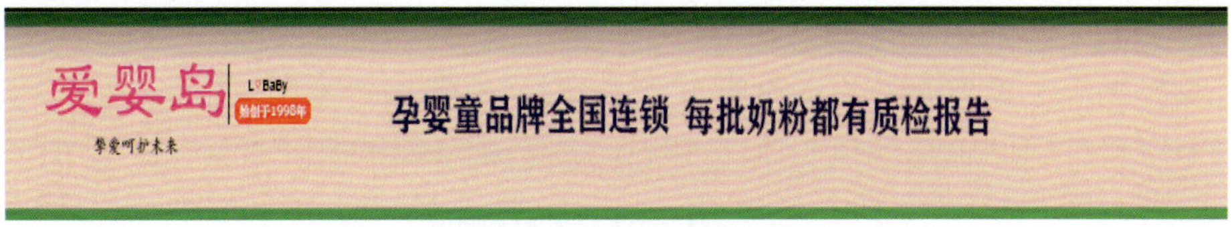

图 6.11　添加文字

步骤 11 在“孕婴童品牌全国连锁每批奶粉都有质检报告”下方输入“——安全 健康 专业”，字体为方正粗黑宋简体，颜色黑色，调整字体及大小。如图 6.12 所示。

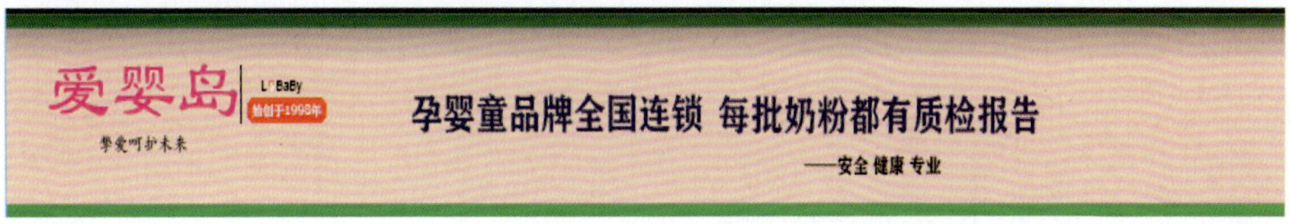

图 6.12　添加文字

步骤 12 在店招右边输入文字“100% 正品”，字体微软雅黑颜色 #000000。在下方输入英文“Quality Guarantee”，字体为 Aral，颜色 #0000000。如图 6.13 所示。

图 6.13　添加文字

步骤 13 插入图形”奖杯”，并填充色 #f8192d。如图 6.14 所示。

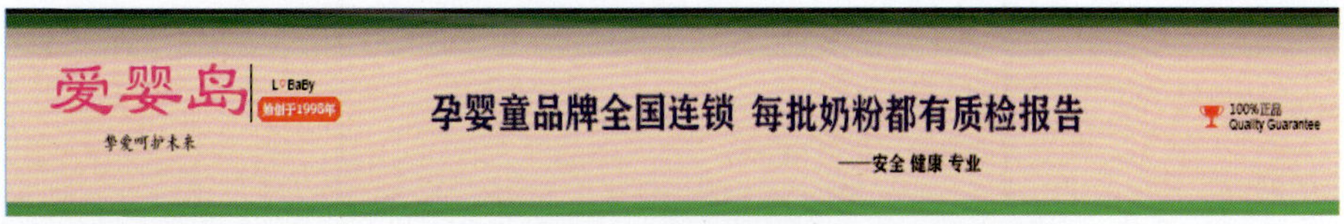

图 6.14　添加图形

步骤 14 回到背景层，按 Ctrl+M 键调出曲线工具，调整背景效果。如图 6.15 所示。

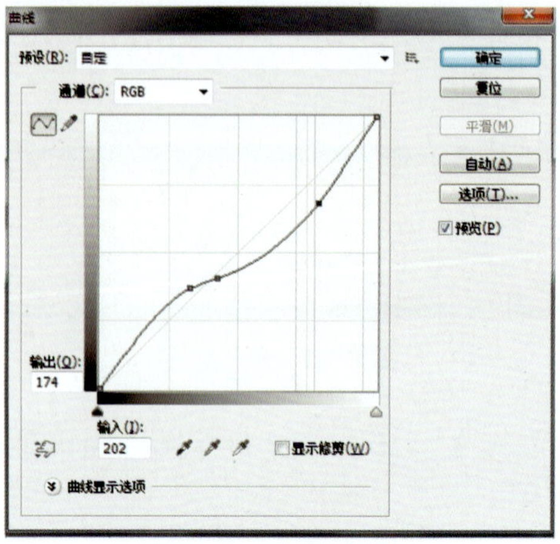

图 6.15　曲线工具

步骤 15 调整背景效果。如图 6.16 所示。

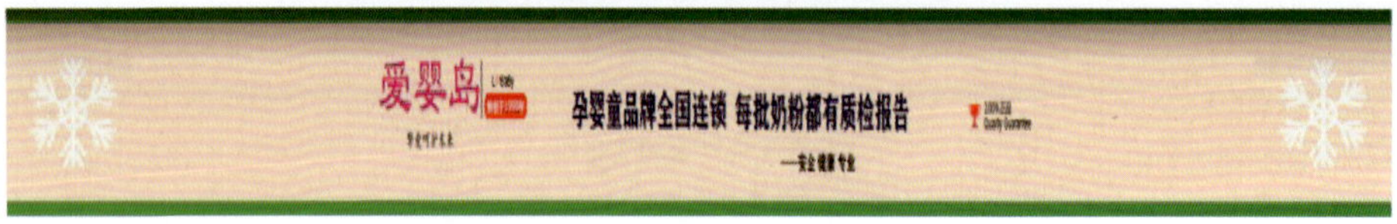

图 6.16　添加背景效果

步骤 16 保存文件名为店招，.psd 格式。如图 6.17 所示。

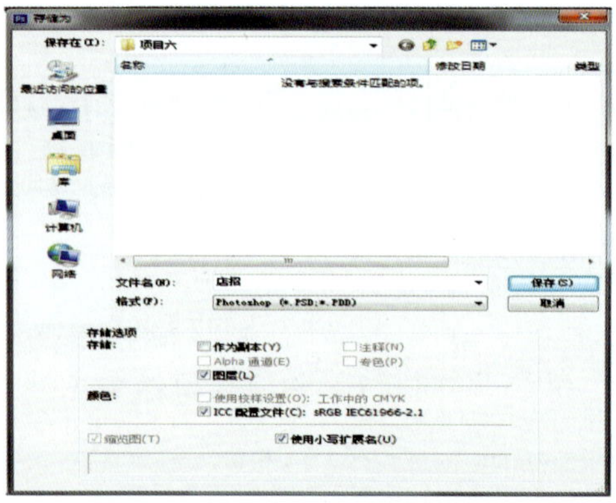

图 6.17　保存为 psd 格式文件

步骤 17 执行图像—画布大小，宽度改为 950 像素。如图 6.18、图 6.19 所示。

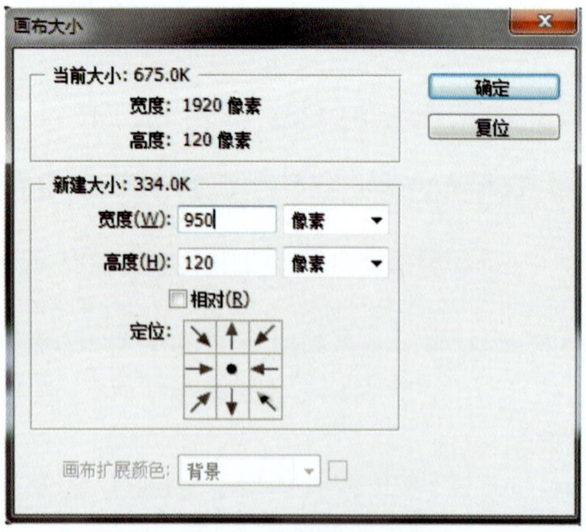

图 6.18　调整画布宽度

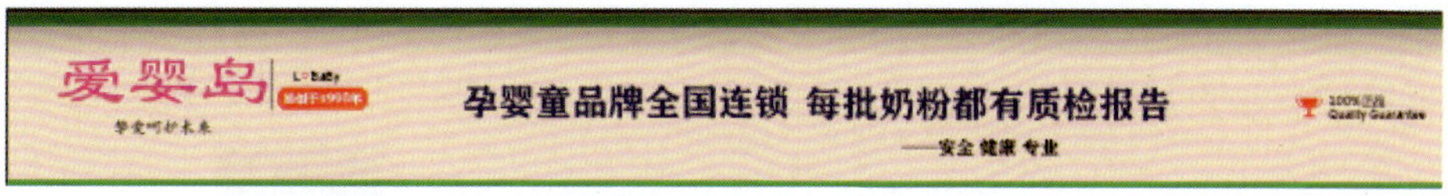

图 6.19 调整后效果

步骤 18 保存为 JPG 格式图片。如图 6.20 所示。

图 6.20 保存为 JPG 格式

任务二 导航模块制作

当买家进入网店首页的时候，如何快速找到自己想要的产品？这就要导航给予恰当的引导。很多卖家认为，导航很简单，将自己的类目都展现出来，一看很明白了，当然这样也要考虑到操作的可行性和美观度。下面是介绍淘宝首页导航设计应注意的问题。

一、导航制作要点

1. 导航不等于分类

导航指的是能让买家快速查看店铺某些页面的功能型按钮，和分类属于包含与被包含关系，可以理解为分类是导航的一种。

2. 理性分类

理性分类有按品牌划分、按材质划分、按价格划分、按季节划分等，如果店铺有老客户基础，通过稳定上新提升用户黏性还可以按上新时间划分。

3. 感性分类

按风格分类、按活动划分、按感官划分。

4. 默认导航

淘宝店铺中的导航是默认存在的，且不可以删除。

5. 导航清晰度

导航分类要明确清楚，以便卖家选择，文字和背景颜色最好用反色，以便使导航清晰地展示出来。

5. 导航颜色

导航的颜色是根据模板提供的颜色来选择的。

图 6.21　执行命令

二、导航基本分类设置

步骤 01 打开千牛卖家中心—店铺—PC 店铺装修—首页—装修页面，单击“配色”选项，选择导航颜色。如图 6.21 所示。

步骤 02 在导航模块上单击“编辑“按钮，进入导航编辑页面。如图 6.22 所示。

图 6.22　编辑页面

步骤 03 单击“添加”按钮，对导航分类进行添加。如图 6.23 所示。

步骤 04 勾选要添加的分类，并单击“确定”，系统会返回到上一个页面。如图 6.24 所示。

图 6.23　分类导航

图 6.24　确定分类

步骤 05 添加完成后，可对分类排序进行调整。如图 6.25 所示。

步骤 06 调整完成后，单击“确定”，完成对导航的设置。如图 6.26 所示。

图 6.25　序调整

图 6.26 导航设定

三、导航自定义链接设置

步骤 01 在导航模块上单击“编辑”按钮，进入导航编辑页面。如图 6.27 所示。

图 6.27　进入导航页面

步骤 02 单击“添加”按钮，对导航分类进行添加。如图 6.28 所示。

步骤 03 单击“自定义链接”，如图 6.29 所示。

步骤 04 选择“添加链接”。如图 6.30 所示。

步骤 05 输入“链接名称”和要跳转到的“链接地址”，并单击“保存”。如图 6.31 所示。

步骤 06 勾选设置好的“自定义链接名称”，并单击“确定”。如图 6.32 所示。

步骤 07 添加完成后，对分类进行排序，并单击“确定”完成对自定义链接的设置。如图 6.33 所示。

图 6.28　导航分类添加

图 6.29 自定义链接

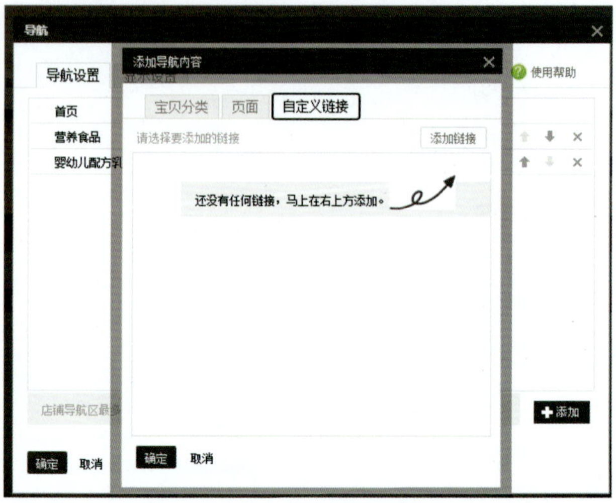

图 6.30 添加链接

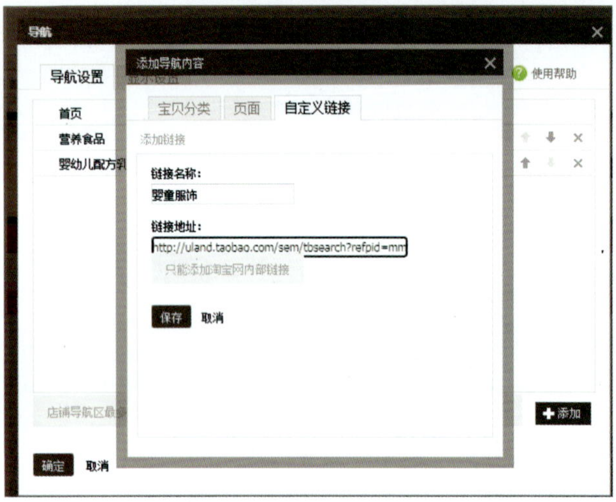

图 6.31 链接地址保存

图 6.32 自定义名称

图 6.33 确定完成效果

单元检测

一、填空题

1. 对图像自由变换的快捷键是 ______________。
2. 两种或几种颜色之间的逐步过渡为 _______________。
3. 一张海报通常由 3 个部分组成 _____________、_____________、_____________。

二、简答题

如何为图像添加图层样式？

任务三　实战训练

导学视频

根据所给素材完成“童装六一活动海报”制作（图 6.34）。

图 6.34　海报效果图

项目七

商品详情页的制作

项目导入

对一家网店来说，商品详情页的设计是买家是否最终购买的重要因素之一，也是网店卖家的命脉所在，精美、吸引人的商品详情页才能有高的转化率和成交量。本项目将对商品详情页的制作进行讲解。

项目目标

知识目标

√ 了解详情页设计要点
√ 掌握详情页模块的设置
√ 掌握详情页宝贝描述的制作

能力目标

√ 能够分析详情页设计逻辑
√ 运用 PS 设置详情页模块和宝贝描述

素质目标

√ 培养学生在美工岗位上的创新精神
√ 在设计过程中提高学生的逻辑思维能力

项目重点

√ 了解详情页设计要点
√ 掌握详情页模块的设置
√ 运用 PS 制作详情页宝贝描述

项目难点

√ 分析详情页设计逻辑
√ 掌握详情页宝贝描述的制作

任务一　详情页设计要点

一、什么是详情页

宝贝详情页是用于介绍品牌和产品的功能（价值点）以及产品卖点，进而促进买家购买的介绍页。宝贝详情页是提高转化率的入口，激发顾客的消费欲望，树立顾客对店铺的信任感，打消顾客的消费疑虑，促使顾客下单。优化宝贝详情页对转化率有提升的作用（图 7.1）。

图 7.1　详情页宝贝页头

二、详情页设计要点

1. 产品定位

产品定位是在产品设计之初或在产品市场推广的过程中，通过广告宣传或其他营销手段使得本产品在消费者心中确立一个具体的形象的过程，简而言之就是给消费者选择产品时制造一个决策捷径。

详情页定位、首页定位、店铺定位等一系列因素是围绕产品来进行的，详情页的定位主要参考产品定位目标人群定位来进行。

详情页是以介绍产品为主的说明，产品定位一定是做每份详情页之前都需要考虑的问题。例如一款萝莉风的大衣，定位需要紧贴产品本身，所以设定必须是萝莉风。在做店铺设计的时候围绕萝莉风设计。如何体现萝莉风、萝莉风的元素是什么，设计的时候主色调是什么，字体是什么，怎么选用模特等一系列问题都需要考虑在内。

2. 目标客户

目标客户指商家提供产品和服务的对象。随着经济的发展和市场的日益成熟，市场的划分越来越细，以至于每项服务都要面对不同的需求。企业应当根据每一项产品和服务选择不同的目标客户。只有确定了消费群体中的某类目标客户，才能具有针对性地开展营销并获得成效。

目标客户是市场营销工作的前端，只有确立了消费群体中的某类目标客户，才能展开有效具有针对性的营销事务。例如，在做一款牙膏的时候，一定要考虑目标客户定位，是美白的？口气清新的？还是治疗牙龈出血的？每种客户群体对于产品的诉求不一样，一定要分析好客户群体的需求动机、购买意向、影响客户群体购买动机的因素、影响其购买行为的社会因素及心理因素等。

3. 详情页尺寸和图片分辨率

① 尺寸：淘宝宽度 750 像素，天猫店铺宽度 790 像素，高度没有限制。

② 制作原则：图片大小不超过 400kB。作图的时候，需要考虑用户浏览体验。图片太大加载速度慢，增加客户流失的概率，所以不建议一个图片太大。

4. 参考模仿

因为商品详情页就是为了提高转化率、增加销量所以可以多浏览优秀的同类型详情页设计，或者套用类似的模板（图 7.2）。

图 7.2　详情页

任务二　详情页模块的设置

一、什么是详情页模块

根据顾客的浏览习惯，在浏览宝贝详情页的时候也是按照从上到下的顺序。在这个过程中我们将商品完会展示给顾客。那么详情页里边都包含什么内容呢？我们可以通过 FABE 法则展示。

① F 代表特征，产品的产地，材料和工艺等。

② A 代表优点，产品特征带来的产品优点。

③ B 代表利益，产品的优点给消费者带来的好处或者利益。

④ E 代表证据，对详情页陈述的证明。

根据 FABE 法则列出宝贝详情页中应该包含的基本信息。

① 商品展示类：色彩、细节、优点、卖点、包装、搭配、效果。

② 实力展示类：品牌、荣誉、资质、销量、生产、仓储。

③ 吸引购买类：卖点打动、情感打动、卖家评价、热销盛况。

④ 交易说明类：购买、付款、收货、验货、退换货、保修。

⑤ 促销说明类：热销商品、搭配商品、促销活动、优惠方式。

二、详情页模块介绍

以下模块是可以使用的。

① 宝贝整体图片：全面展示宝贝的整体效果。

② 宝贝细节图片：从细节展示宝贝的部分效果。

③ 模特或者使用效果图片：模特展示，或者使用效果，情景展示宝贝的使用效果。

④ 产品属性：以文字或者图片，表格等多种形式说明产品的材质、规格等信息。

⑤ 产品介绍：大多以文字形式介绍产品。

⑥ 产品卖点：以细节图片和文字放大产品的卖点，一般是工艺、材质等细节说明让顾客更多了解产的特性。

⑦ 使用说明、使用流程、洗涤方法（服装类）、保养方法、及产品使用注意事项。

⑧ 产品类比：与同类商品比较，挖掘本产品与其他商品不同的优势。

⑨ 口碑：展示出手记录、好评、买家评价、热销数据等。

⑩ 真人秀、真人示范、买家秀、达人秀。

⑪ 包装展示。

⑫ 售后说明。

⑬ 企业文化展示、品牌文化展示。

⑭ 活动图片：店铺活动、关联促、其他促销活动等。

这里分出 14 个功能模块，这些是宝贝详情页里常见的一些形式，这些模块不一定全部要编辑到宝贝详情页里，针对不同的产品选择不同的模块进行组合。

三、详情页顺序

在消费者购物过程中，因为时间问题，消费者不会在详情页停留时间太久，除非详情页足够吸引人，再加上消费者选择过多，所以如果不在详情页上面下功夫，真的很难能够有订单。所以详情页一定要抓住卖家的眼球，展示出消费者关注的点。

一般情况下，针对大多数产品，可以是以下排序方法。

①宝贝整体图片→②细节图片→③产品介绍文字→④售后服务→⑤交易条款→⑥联系方式。为什么要这样排序呢？

先分析一下消费者的心理需求，这是一个递进的过程。

比如我想要在电商平台上买一个宝宝餐椅，搜索出来很多产品，在众多产品的主图中我看中了一个产品，这个主图就相当于我们详情页中的整体图片，如图 7.3 所示。

接下来我会继续浏览，看看它的细节、做工，相当于详情页中的细节图（图 7.4）。

图 7.3　整体图片

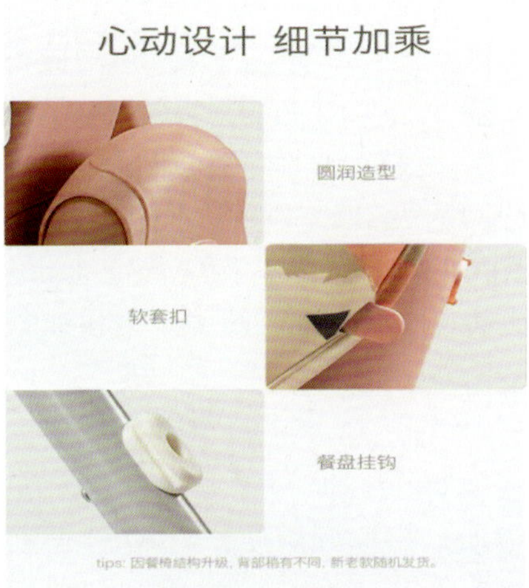

图 7.4　细节图

看了细节之后感觉不错，接下来会去了解宝宝餐椅的功能，比如分离式双餐盘、5 档坐姿角度、材料是否安全等。这就是我们所说的描述页中的产品介绍文字（图 7.5）。

如果这些都符合我们的要求，之后我们还会去了解品牌文化，企业文化，了解这个品牌在行业内的知名度（图 7.6）。

图 7.5　产品说明

图 7.6　品牌文化

如果以上都合适，我还会去了解售后服务，是不是有保修，坏了怎么处理？还会去了解其他消费者的购买评论，看看是不是有别人的评论可以解答我的某些疑问，这些都没有问题的话就差不多可以购买了。如果再加上促销活动，可能就会实际发生购买行为了。

这是一个有刚性需求的客户会产生的一个递进的心理过程。如果在浏览过程中将消费者的这些问题机解决了就会产生购买行为。

那是不是所有类目的宝贝都需要这样排序呢？

不一定，这种排序对于不注重外观的产品就不太合适。比如零食、零件类，顾客会更关心它的口味或参数，我们要把买家最关心的内容放在最上面。所以大家在应用时要注意，详情页的内容排序要具体分析。

任务三　详情页的宝贝描述的制作

导学视频

如何制作一份详情页呢？本节以奶粉为例，讲解详情页的制作过程。

案例 1　关联推广标题条制作

为了激发客户的潜在需求，淘宝营销活动在视觉营销中经常会在详情页顶端使用到店铺活动介绍、店铺关联产品活动，本案例中讲解关于关联推广题条的设计与制作（图 7.7）。

图 7.7　关联推广标题条

关联推广标题条的设计制作过程如下。

步骤 01 打开 Photoshop 软件，新建一个 750 像素 ×6000 像素的白底画布（高度可以自定，6000 像素的高度包括详情页所有的设计（图 7.8）。

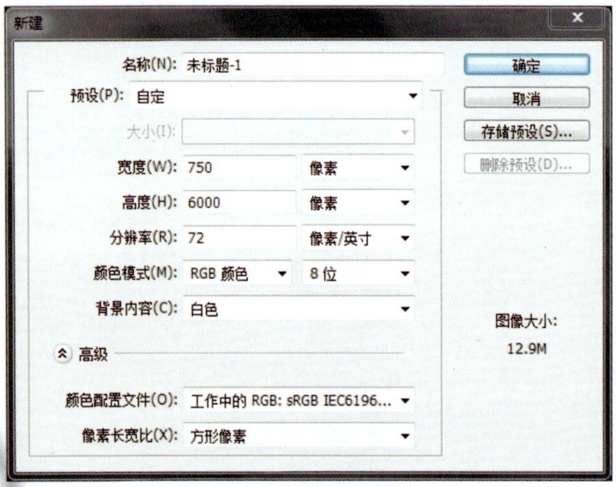

图 7.8　新建图层

步骤 02 点击矩形工具，新建矩形图层，也就是关联推广标题条的背景图层，选择“形状”，填充好颜色，描边设置“无”，宽度和背景层一样，高度自己定义，如图 7.9 所示。

步骤 03 编辑文字，调整字体大小。字体设置选择更有美感的字体，本案例中中文使用的是“微软雅黑”，英文使用的是“Gadugi”字体，具体参数如图 7.10 所示。

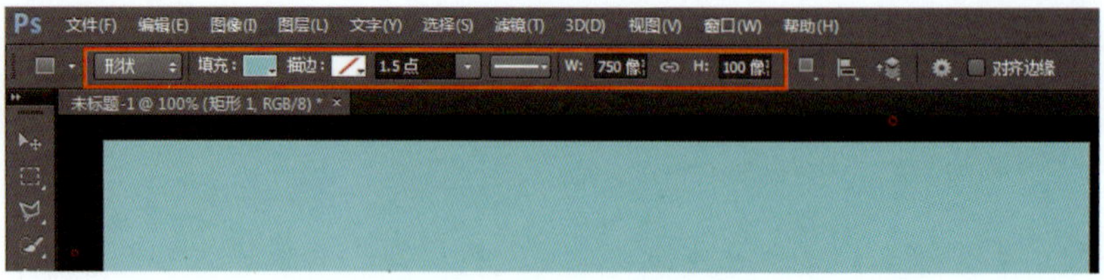

图 7.9　新建矩形图层

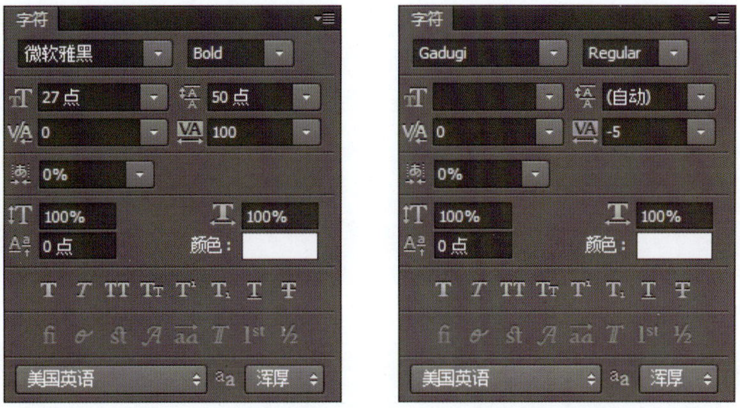

图 7.10　文字编辑

步骤 04 调整好“掌柜推荐”文字图层的位置后，新建直线工具，在直线右边新建文字图层，文字编辑和设置如图 7.11 所示。

步骤 05 选择椭圆工具新建一个白色正圆形，按住 Shift 键绘制圆形，使图形不会变形，圆形参数如图 7.12 所示。

图 7.11　直线工具和文字设计

图 7.12　新建椭圆工具

步骤 06 把圆圈移动到“抢”字旁边，然后利用橡皮擦工具把圆圈和文字重叠的部分擦掉。在使用橡皮擦工具时会弹出图层栅格化的对话框，选“确定”，如图 7.13 所示。

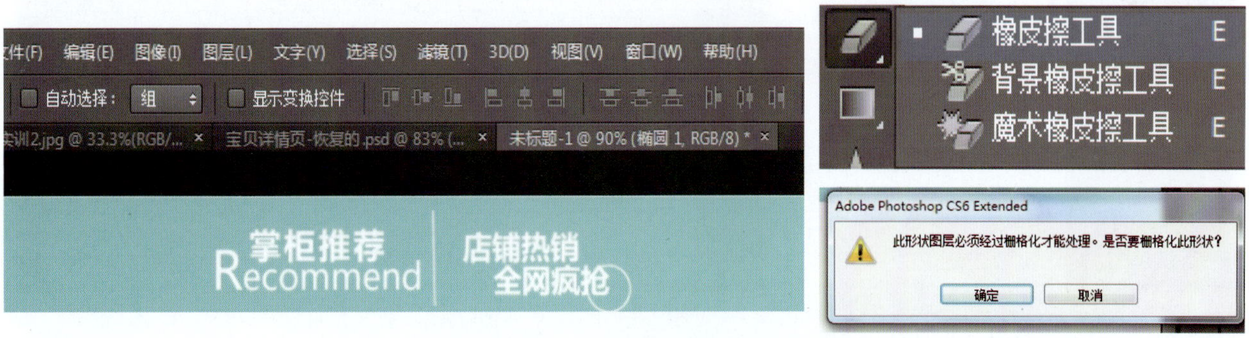

图 7.13　图层栅格化

步骤 07 新建参考线，然后在文字两边新建两根直线，注意与参考线平行，如图 7.14 所示。

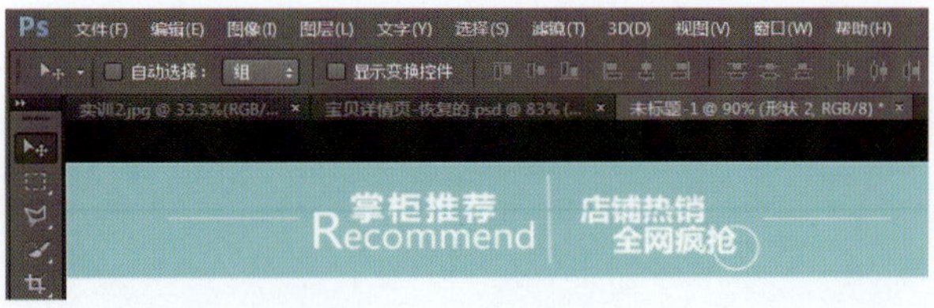

图 7.14　新建参考线

案例 2　关联推广产品排版制作

通过关联营销可以提高流量利用率，然后提高淘宝店铺流量，对于店铺运营来说是一种很棒的方式，至少在客户进入我们的某一个宝贝页面时，对此商品不满意，还有其它可以选择。这样可以降低流量的损失，增加店铺的销量，有助于提升单客销售额。

导学视频

关联推广产品的设计过程：

步骤 01 新建图层，宽度 750 像素，高度 750 像素固定尺寸，如图 7.15 所示。

步骤 02 点击矩形工具，尺寸 240×350 像素，新建矩形图层制作推广产品。如图 7.16 所示。

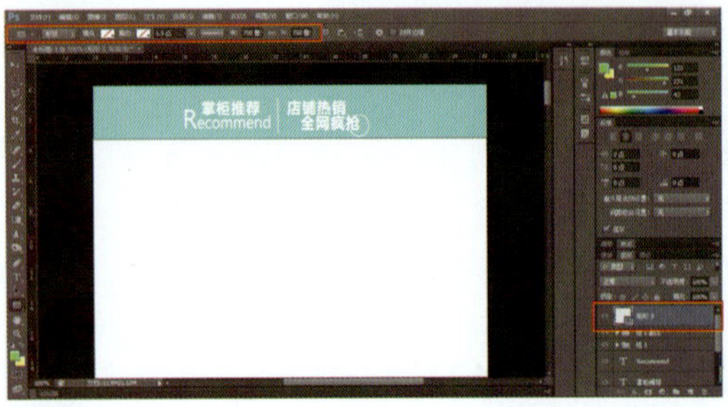

图 7.15　新建图层固定尺寸

图 7.16　分块建图层

步骤 03 导入背景图片和关联商品图片，效果如图 7.17 所示。

步骤 04 在商品左上角，点击“自定形状工具”的爱心形状，如图 7.18 所示。

图 7.17　商品导入

图 7.18　自定义形状

步骤 05 在爱心形状添加“HOT 爆品”文字，然后在图片下方点击矩形工具，颜色填充为“白色”，不透明度为“40%”，效果如图 7.19 所示。

步骤 06 在矩形中输入文字“小旗材儿童奶粉 RM199”，然后选中关联推广产品的所有图层，按快捷键“Ctrl+G”建组，复制“组 2”，拖动调整好位置，制作其他两个关联商品，如图 7.20 所示。

图 7.19　图层透明度

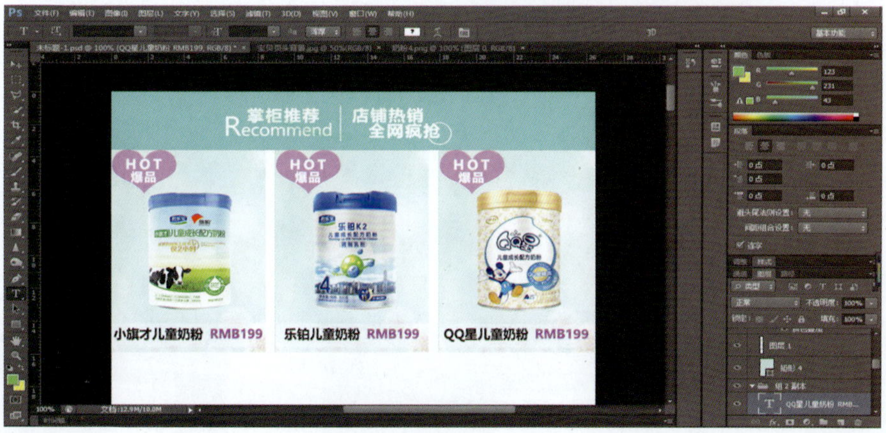

图 7.20　关联推广产品

案例 3　店铺活动推广制作

通过店铺活动推广一方面可以提高淘宝店铺流量，另一方面有助于提高成交率，本案例中奶粉销售经常伴有活动。

导学视频

店铺活动推广的设计过程如下。

步骤 01 新建两个矩形工具，一个是宽度 750 像素，高度 1000 像素，另一个是宽度 726 像素，高度 900 像素，如图 7.21 所示。

步骤 02 点击圆角矩形工具和文字工具制作活动标题，再点击圆角矩形工具分别制作粉色和白色背景区域，背景区域的高度和宽度要根据上个步骤中矩形的高度决定，本案例中有三个活动项目，高度一分为三，如图 7.22 所示。

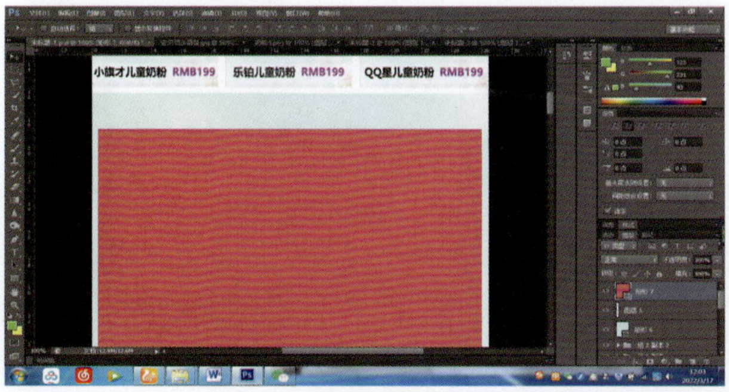

图 7.21　新建图层固定尺寸

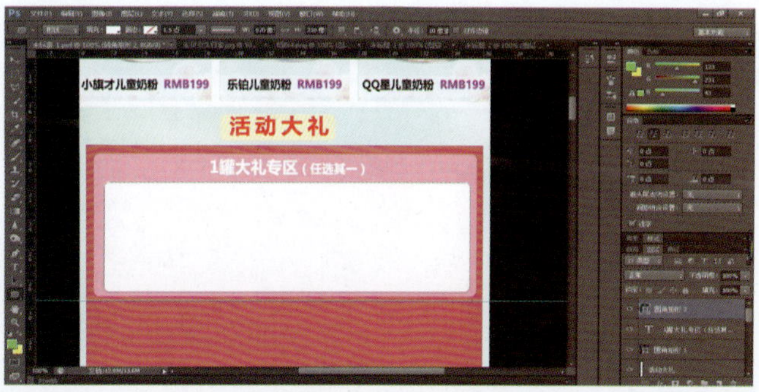

图 7.22　分块建图层

图 7.23　店铺活动推广效果图

步骤 03　导入活动礼品图片，并编辑礼品名称，之后建组、复制组，最终效果如图 7.23 所示。

案例 4　宝贝页头制作

导学视频

对于淘宝销售来说，页面是和消费者沟通的第一步，详情页中的宝贝页头介绍就相当于销售员拿着商品在向消费者推销，首先会让消费者看到商品的全貌和最大的卖点，这样消费者会做出大致的判断是否继续浏览下去。

宝贝页头的设计过程如下。

步骤 01　导入背景图层和宝贝图片，调整好宝贝图片的位置，如图 7.24 所示。

步骤 02　编辑文字，选择适合的字体和大小，分两个文本工具编辑，如图 7.25 所示。

步骤 03　导入营养组合图片，调整好图片顺序，设置不透明度为 60%，并利用模糊工具和滤镜菜单中的高斯模糊把图片融入背景中（图 7.26）。

图 7.24　导入图片

图 7.25　设计文字

图 7.26　透明度和高斯模糊设置

步骤 04 导入其他素材，调整好位置，最终效果如图 7.27 所示。

导学视频

案例 5　标题栏制作

在淘宝详情页制作中，宝贝详情标题栏用于分隔各个模块，在详情页中广泛运用。标题条的制作原则以方便客户把详情页内容区分，整体视觉上更美观为主，可以根据不同的商品制作符合其主题的标题栏。

下面将介绍两种符合本案例的标题栏的制作设计过程。

第一种标题栏

此标题栏为详细介绍标题栏，以形状为主，配合商品文案，适合详情页比较复杂的商品。

图 7.27

步骤 01 单击“自定义形状工具”选好图案，直接单击拉出图案即可，大小和颜色根据需要来调整，形状填充为浅黄色，描边为深色，并为形状设置投影参数，如图 7.28、图 7.29 所示。

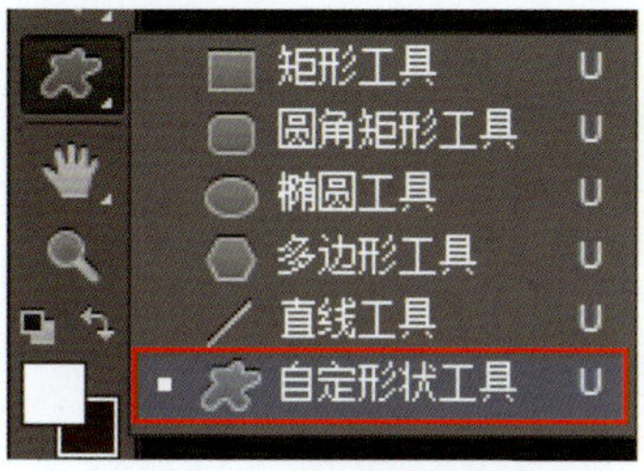

图 7.28　设置形状投影

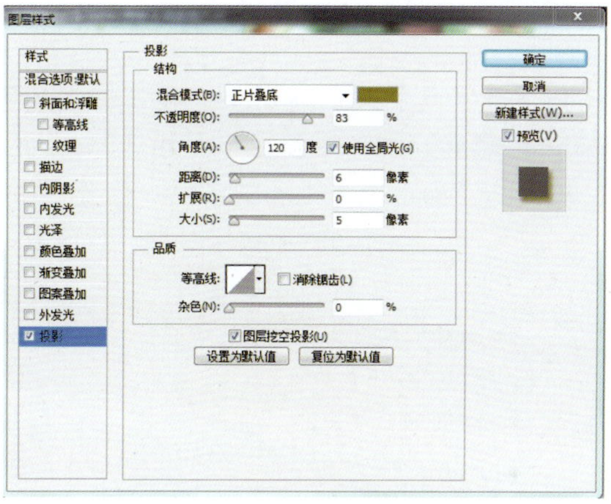

图 7.29　自定义形状工具

步骤 02 单击“横排文字工具”输入文字。调整好文字的大小和颜色，图中文字颜色和形状的描边颜色相同，如图 7.30、图 7.31 所示。

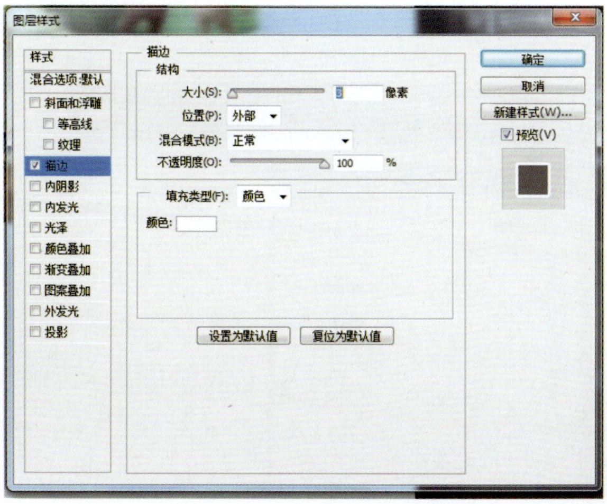

图 7.30　文字描边设置

图 7.31　图形和文字效果

步骤 03 新建图层（注意图层顺序在形状和文字的上面），点击“画笔工具”，选择“柔边圆”，大小和硬度如图 7.32 所示。在形状图形旁边点一个圆点，按“Ctrl+T”将圆形压扁，变为一条线的效果，其宽度和高度参数如图 7.33 所示。

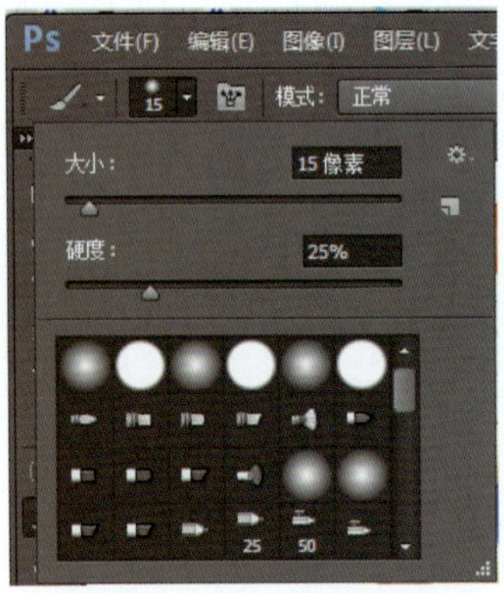

图 7.32　画笔工具

图 7.33　把圆形变成线

步骤 04 接下来，复制此新建图层，按“Ctrl+T”将线条旋转 90°，再复制两次该图层，并旋转线条位置，把线条调整成“米”字形状，如图 7.34 所示。点击“画笔工具”，选择“柔边圆”，大小设置为“40 像素”，硬度为“5%”，在“米”字中心位置点击一次，星光效果完成，如图 7.35 所示。

图 7.34　米字效果

图 7.35　星光效果

步骤 05 点击“圆角矩形”工具，形状参数设置如图所示，填充颜色为“daefbe”，如图 7.36 所示。利用文字工具输入文字，调整好文字大小和颜色，设置图层样式的“外发光效果”，如图 7.37 所示。

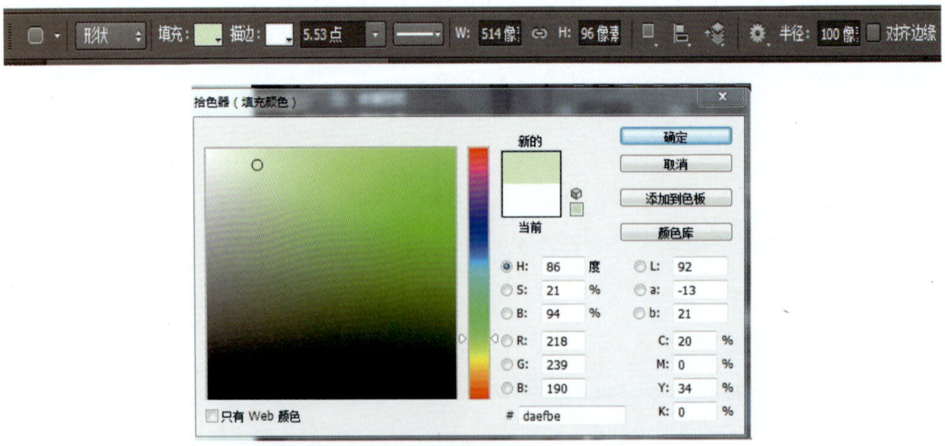

图 7.36　圆角矩形设置和颜色填充

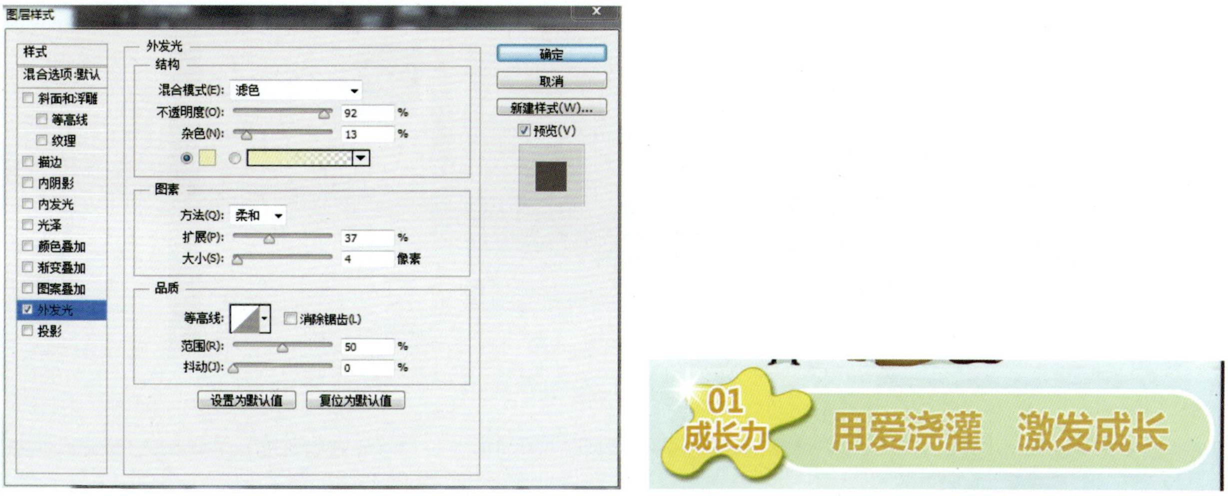

图 7.37　文字外发光和最终效果

第二种标题栏

此标题栏为形状标题栏，以形状和线条为主，无文案，简约型。无论是服装类、电器类、母婴类、鞋类还是其他商品都可以使用。

步骤 01 点击“直线”工具，填充颜色为白色，再点击“圆角矩形”工具，参数设置如图 7.38 所示。

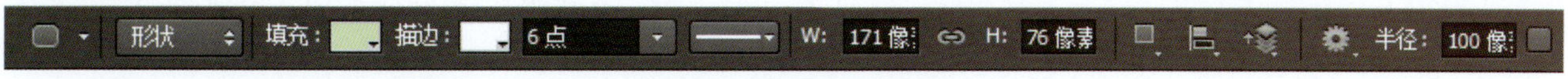

图 7.38　圆角矩形设置

步骤 02 点击“横排文字”工具，输入文字，调整颜色和大小，如图 7.39 所示。

图 7.39　标题栏效果图

案例 6　宝贝介绍制作

宝贝介绍过程中除了图片，还会加入产品的各个卖点，比如小小鲁班奶粉就是从成长力、自护力、学习力、护视力、通畅力五个方面详细介绍（本案例将展示“成长力”的详细介绍），这样可以把产品的特点展示在客户面前，让客户对宝贝有正确的认识。

导学视频

下面是宝贝介绍的设计过程展示。

步骤 01 在标题栏下面点击“横排文字”工具，并输入英文，字符和颜色如图 7.40 所示。

步骤 02 在英文字下面新建“横排文字”工具，并输入中文，首字比后面的字体更大，再设置图层样式的描边和投影，具体设置如图 7.41 和图 7.42 所示。

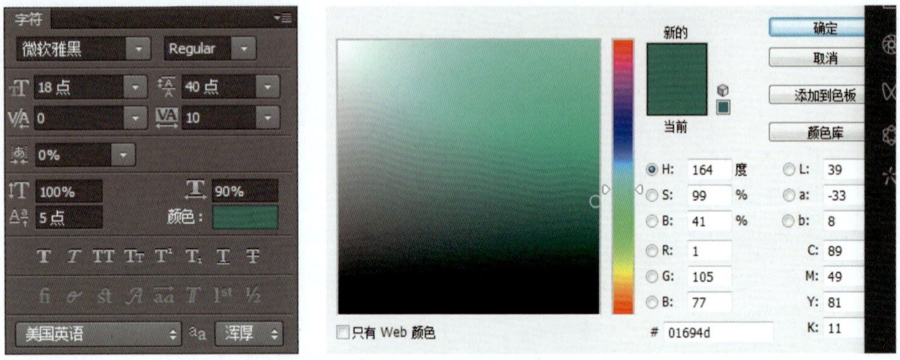

图 7.40　英文字符设置

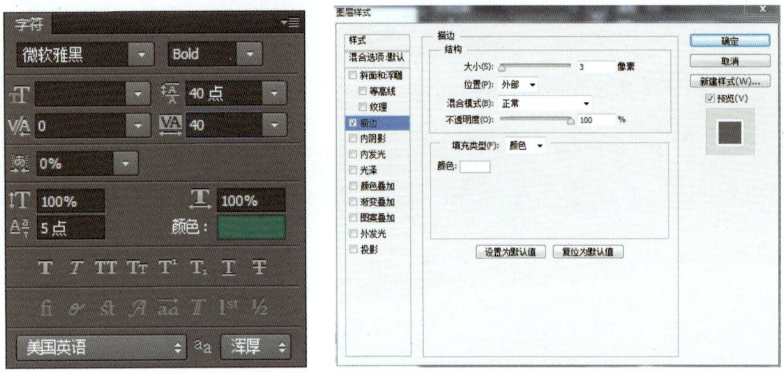

图 7.41　字符设置和描边样式设置

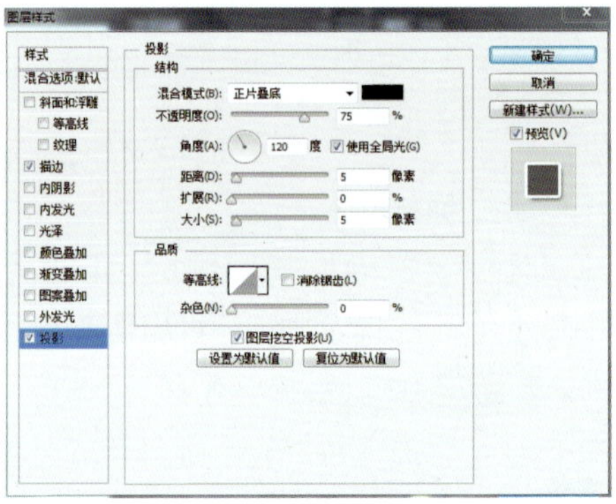

图 7.42　投影设置

步骤 03 插入奶粉图片，摆放在合适的位置，如图 7.43 所示。

步骤 04 制作泡泡效果。新建图层，然后在新建的图层上用椭圆选区工具，按住 shift 键画出正圆形。然后填充一个绿色，如图 7.44 所示。点菜单“选择 – 修改 – 羽化”（快捷键 shift+F6），羽化 30 个像素左右，主要看画的圆的大小，如图 7.45 所示。然后按两次 Delete 删除键进行删除，效果如图 7.46 所示。

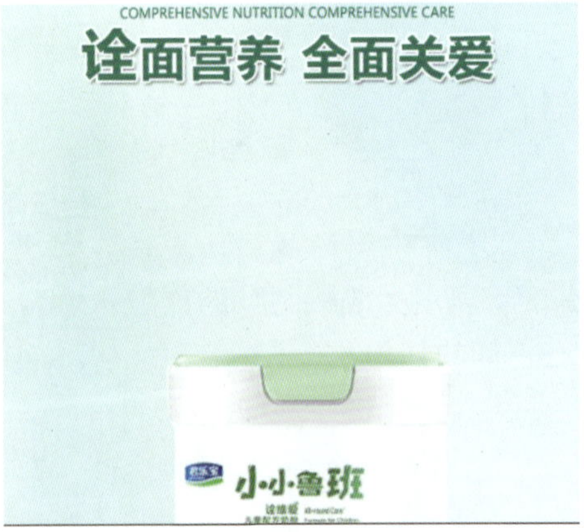

图 7.43　插入奶粉图片

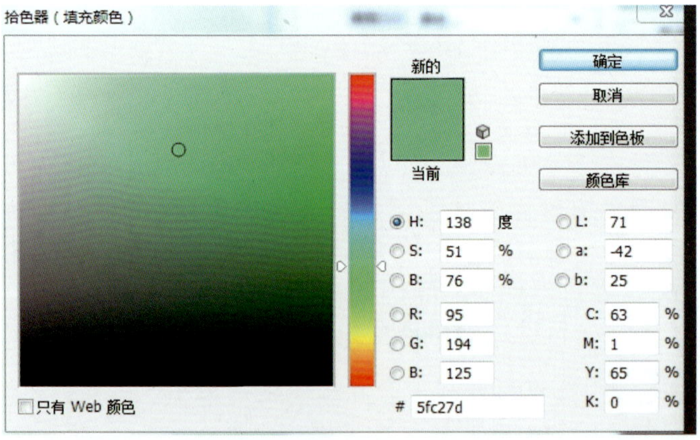

图 7.44　椭圆选区填充颜色

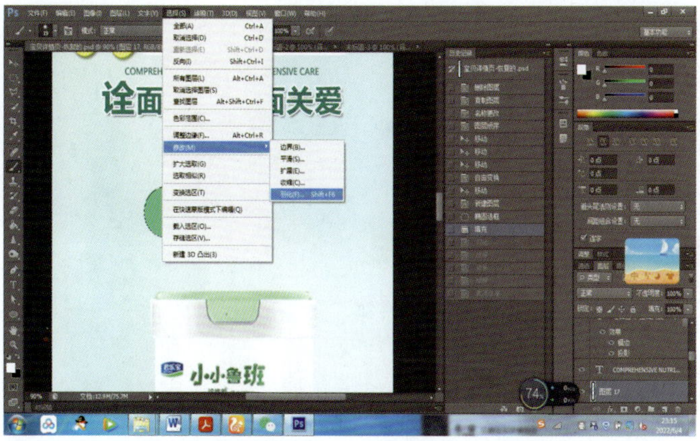

图 7.45　羽化选区

图 7.46　泡泡效果图

步骤 05 复制多个泡泡（复制图层），按“Ctrl+T”调整各个泡泡的位置和大小，并在每个泡泡中输入文字，文字要求描边，如图 7.47~ 图 7.49 所示。

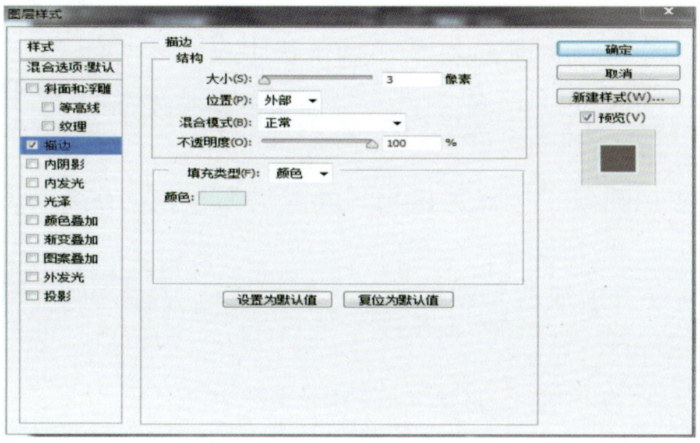

图 7.47　文字描边设置

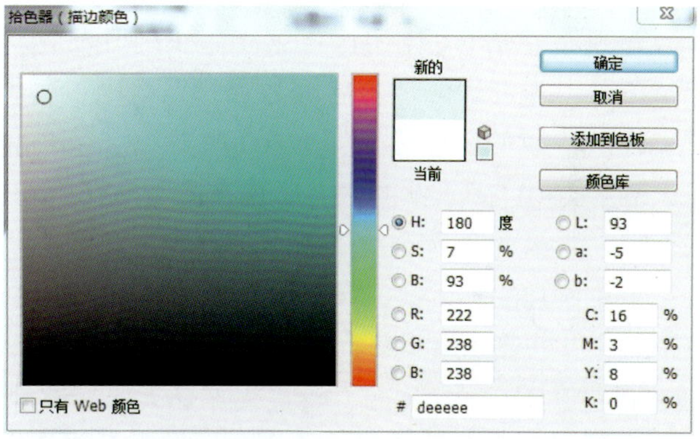

图 7.48　文字描边颜色参数

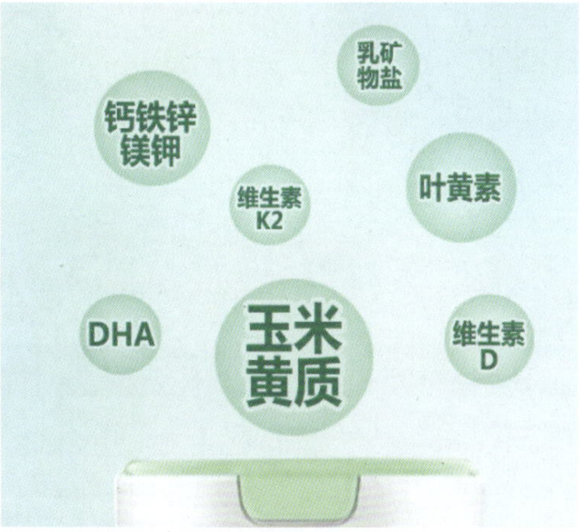

图 7.49　泡泡文字效果图

步骤 06 制作箭头。选择自定义形状中的箭头，画好后填充和泡泡一样的颜色，并按“Ctrl+T”调整角度，然后利用“滤镜－高斯模糊”制作模糊效果。高斯模糊设置如图 7.50 所示。

步骤 07 复制 5 个箭头，并调整好位置和大小。再复制两个标题栏中的星光，最终效果如图 7.51 所示。

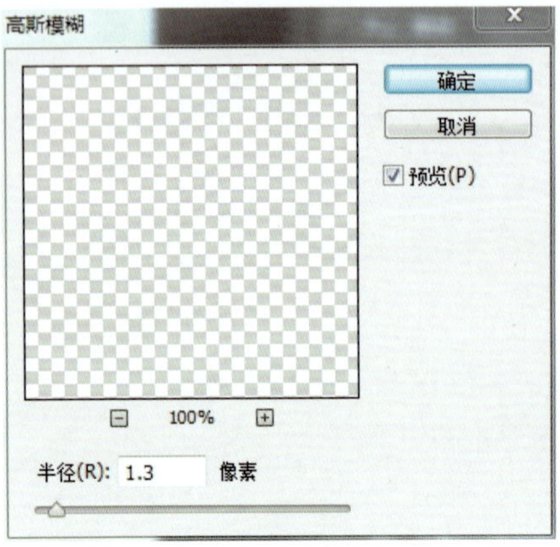

图 7.50　高斯模糊设置

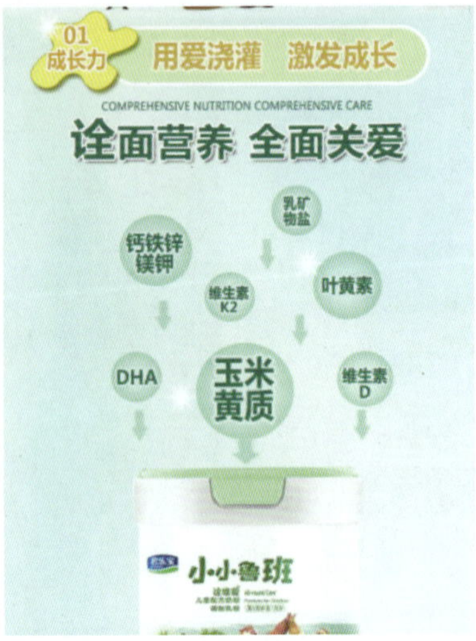

图 7.51　宝贝介绍效果图

案例 7　模块模板制作

在淘宝详情页制作中，会运用到版式相同的模块，比如商品信息、成分表、使用方法、存储条件、重要说明、售后服务等，采用同一种模板会让整体视觉上更美观。

导学视频

模块模板的设计过程如下。

步骤 01 导入背景图片（浅蓝色），注意与上面一张的衔接，可以用模糊工具或高斯模糊的方法做过渡处理，效果如图 7.52 所示。

点击圆角矩形工具，设置边框颜色和填充白色，然后导入模块背景图层（粉色奶牛花色），背景图层调解不透明度和色相饱和度，效果如图 7.53 所示。

步骤 02 编辑文字，设置文字的大小、字型和颜色，在这里我们使用了三个文本工具。

再利用直线工具新建一条直线，设置其描边颜色，如图 7.54 所示。

图 7.52　制作背景

图 7.53　制作模块背景

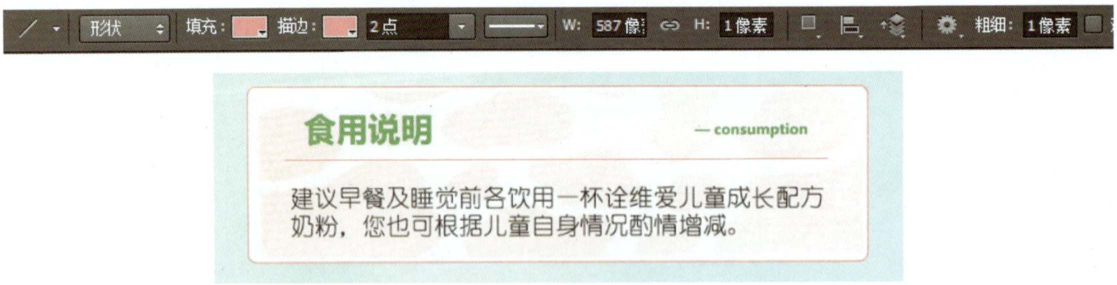

图 7.54　编辑模板内部

步骤 03 把模块各层次建组，复制三个组，调整其他模块的位置和编辑文字。如图 7.55 所示。

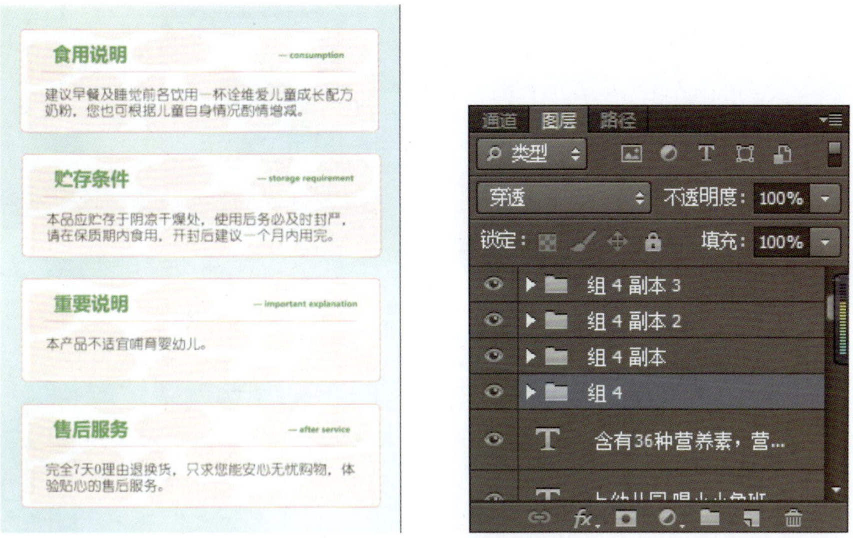

图 7.55　完成模块模板制作

单元检测

一、选择题

1. 建组的快捷键是（　　）。

A. Ctrl+D　　B. Ctrl+L　　C. Ctrl+T　　D. Ctrl+Z

2. 详情页尺寸是宽度（　　）。

A. 1200 像素　　B. 750 像素　　C. 3cm　　D. 100kB

3. 选择“椭圆工具”绘制圆形是，要按住（　　）键。

A. Ctrl　　B. Alt　　C. Shift　　D. Tab

二、简答题

1. 什么是宝贝详情页？
2. FABE 法则是什么？
3. 图片间的衔接运用哪些工具处理？

任务四　实战训练

实训一：关联推广产品排版制作

利用素材做出关联推广产品，排版如图 7.56 所示。

导学视频

图 7.56　实训图一

实训二：宝贝页头介绍制作

利用图 7.57 的素材制作奶瓶的宝贝介绍图。

导学视频

图 7.57　实训图二

项目八

店铺推广的创意设计

项目导入

作为一家网店，如何让买家了解所售的产品，如何让买家光顾店铺，唯一的方法就是积极主动的推广，否则不管产品质量有多好，价格多优惠，店铺多有特色，买家根本不知道它的存在。大部分买家是通过搜索关键词寻找满意的商品，当买家进入搜索结果页面，琳琅满目的商品呈现在买家眼前，怎样才能使商家的产品从同类竞争商品中脱颖而出呢？这就取决于商品主图。到了商品详情页或是店铺首页，促销优惠券将会成为店铺推广的另一个利器。本项目将讲述优惠券和主图的设计和制作。

项目目标

知识目标

√ 了解优惠券的分类和内容
√ 掌握优惠券的制作
√ 了解主图的作用和制作规范
√ 掌握详主图的制作

能力目标

√ 运用 PS 制作优惠券
√ 运用 PS 制作主图

素质目标

√ 在设计过程中提高学生的逻辑思维能力
√ 培养学生在美工岗位上的爱岗敬业精神
√ 培养学生在美工岗位上的规则意识

项目重点

√ 了解优惠券的内容
√ 了解主图的制作规范
√ 运用 PS 制作优惠券和主图

项目难点

√ 优惠券和主图的设计
√ 掌握优惠券和主图的制作

任务一　优惠券的制作

导学视频

一、什么是优惠券

电子优惠券有别于普通纸质优惠券的特点，主要是制作和传播成本低，传播效果可精准量化。电子优惠券也是淘宝店铺使用最多的促销方式之一，优惠券的品类繁多、琳琅满目，我们设计时要注意将信息呈现的同时还要有美感和贴合商家具体情况。本节内容将带领大家认识电子优惠券和制作电子优惠券（图 8.1）。

图 8.1　优惠券

二、优惠券的分类

现金券——消费者持券消费可抵用部分现金。
体验券——消费者持券消费可体验部分服务。
礼品券——消费者持券消费可领用指定礼品。
折扣券——消费者持券消费可享受消费折扣。
特价券——消费者持券消费可购买特价商品。
换购券——消费者持换购券可换购指定商品。
通用券——拥有以上所有功能详情页设计要点。

三、优惠券的内容

优惠券的内容包括：公司 logo 或公司名称、商品相关图片、优惠标题、优惠金额或百分比、有效日期或其他详细说明等（图 8.2）。当然，我们可以根据优惠券的目的把内容组合设计成不同的优惠，比如减满券最主要是体现多少金额优惠多少钱，品类券最主要突出品类，单品券一定要包含商品图等。

图 8.2　优惠券的内容

四、制作优惠券的常用工具

1. 文字工具（图 8.3）

2. 形状工具（图 8.4）

① 矩形工具：绘制矩形或正方形。
② 圆角矩形工具：绘制四个角平滑弧度的矩形。
③ 椭圆工具：绘制椭圆或正圆形。
④ 多边形工具：绘制多边形。
⑤ 直线工具：绘制直线或带有箭头的线段。
⑥ 自定义形状工具：绘制其他自定义图形。

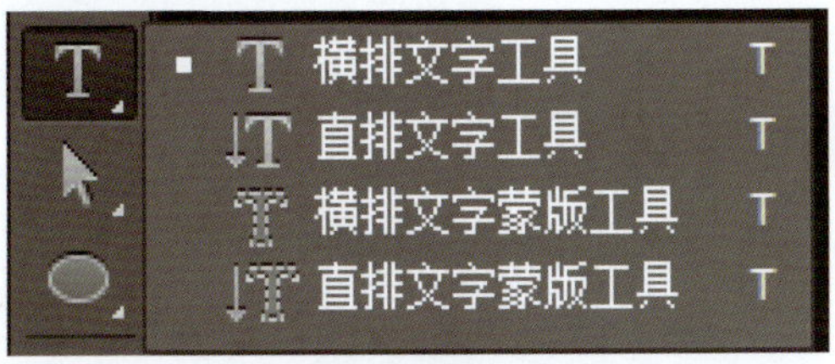

图 8.3　文字工具

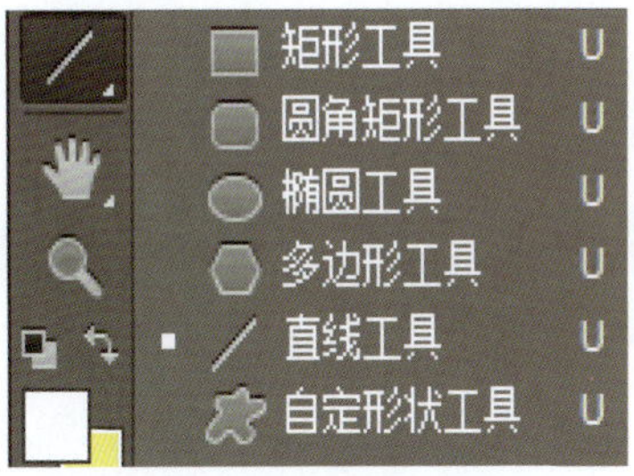

图 8.4　矩形工具

五、优惠券制作

步骤 01　打开 Photoshop 软件，执行"文件"→"新建"命令，新建一个画布，如图 8.5 所示。

步骤 02　新建图层，填充颜色色号为"f43737"，如图 8.6 所示。

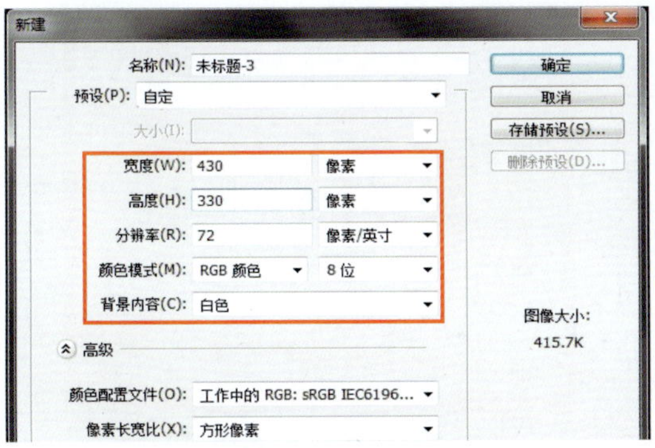

图 8.5　新建画布

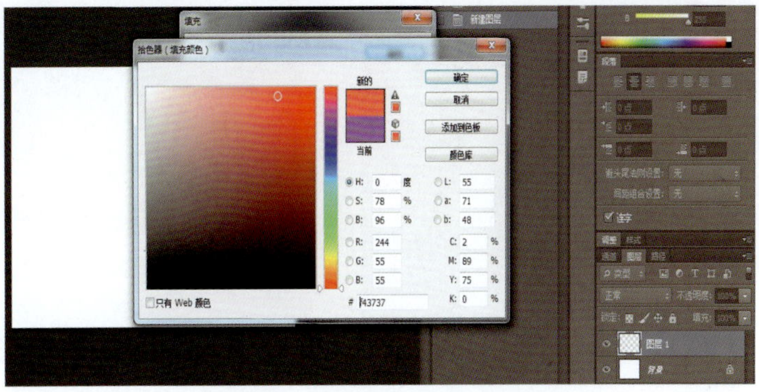
图 8.6　新建图层并填充颜色

步骤 03　选择圆角矩形工具，填充颜色色号"fff4e2"，设置宽度和高度，如图 8.7 所示。

步骤 04　再建一个矩形，填充颜色色号为"ffdbab"（图 8.8）。

步骤 05　选择椭圆工具，按住 shift 键建一个正圆形，填充颜色色号"fff4e2"，具体参数如图 8.9 所示。

步骤 06　再复制 4 个正圆形，新建参考线辅助对齐如图所示，把 5 个正圆形建组，复制组放到矩形的另一侧，做出优惠券的邮票锯齿效果（图 8.10）。

步骤 07　编辑优惠券的文字，点击文字工具编辑文字，"￥"和"100"的设置参数如图 8.11 所示，文字效果如图 8.12 所示。

步骤 08　选择矩形工具，填充好颜色，然后应用文字工具编辑"1 元抢 100 元神券 >"文字，如图 8.13 所示。

步骤 09　再添加两个文字工具，最终效果如图 8.14 所示。

图 8.7　新建圆角矩形并填充颜色

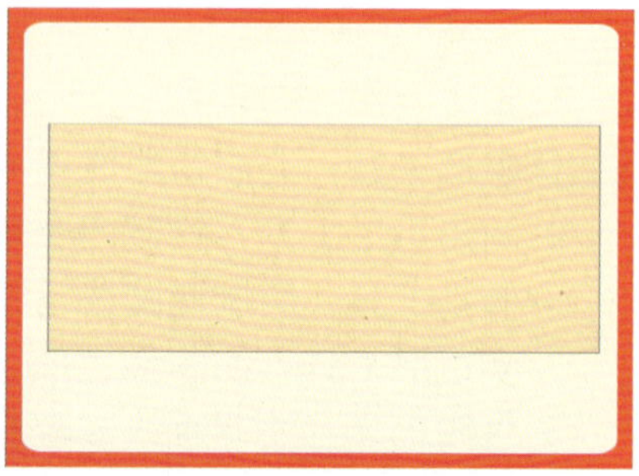

图 8.8　再建一个矩形

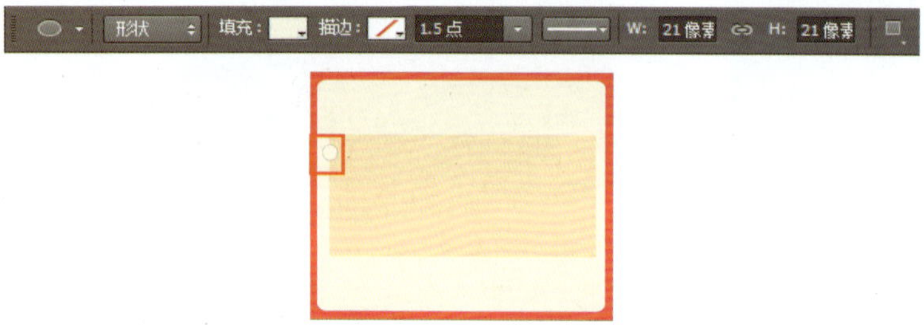

图 8.9　建一个正圆形

图 8.10　制作邮票锯齿效果

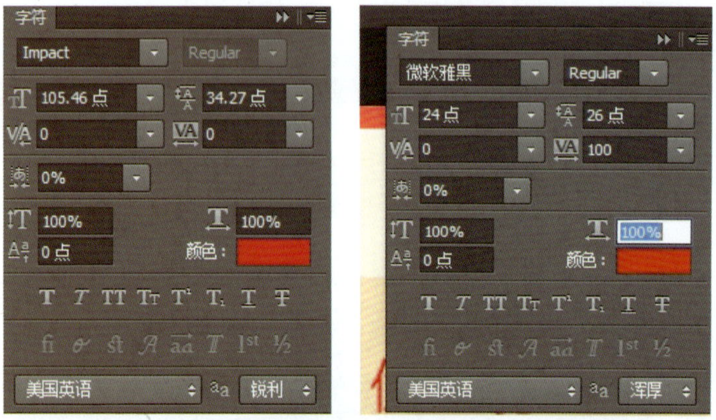

图 8.11　文字工具参数

图 8.12　文字编辑效果图

图 8.13　增加矩形工具

图 8.14　优惠券效果图

任务二　主图的制作

一、什么是主图

产品主图是指位于商品详情页左侧上部的图片，如图 8.15 所示。主图由首图和辅图两部分组成。其中首图还会出现在商品列表页和搜索页，如图 8.16 所示，等重要位置，是顾客的第一印象，因此非常重要。淘宝一般抓取第一张图片用于搜索页面的显示。

图 8.15　产品主图

图 8.16　搜索页面

二、主图的作用

① 抓住眼球：醒目、美观。

② 激发兴趣：突出宝贝卖点，展示促销信息。

③ 促成点击：增加流量，提升转化率。

三、制作规范

① 主图大小有规定，四四方方才是真。最小规格 310 × 310 像素，大于 700 × 700 像素就有放大镜功能（图 8.17）。

② 主图必须是实物拍摄图，增加顾客的信任度。实物拍摄图的定义是该件商品本身的拍摄图片，不包括杂志图片、官方网站图片及宣传图（图 8.18）。

图 8.17　主图尺寸

图 8.18　实物拍摄图

③ 商品主体突出，图片制作规范（图 8.19）。

④ 遵守不同类目的商品行业标准，合理挑选主图。主图自定义设计，用于引流，利用主图展示商品卖点与细节，激发顾客的兴趣（图 8.20）。

图 8.19　制作规范

图 8.20　主图

四、主图设计技巧

1. 纯色背景

纯色背景可以更加突出商品，给人清晰干净的感觉，更容易添加商品卖点与促销信息。但要注意背景和商品本身的颜色要有差异化，要对商品进行抠图，如图 8.21 所示。

2. 功能场景背景

搭建功能场景，立体感强、层次丰富，满足消费者的心理需求和想象，吸引眼球，如图 8.22 所示。

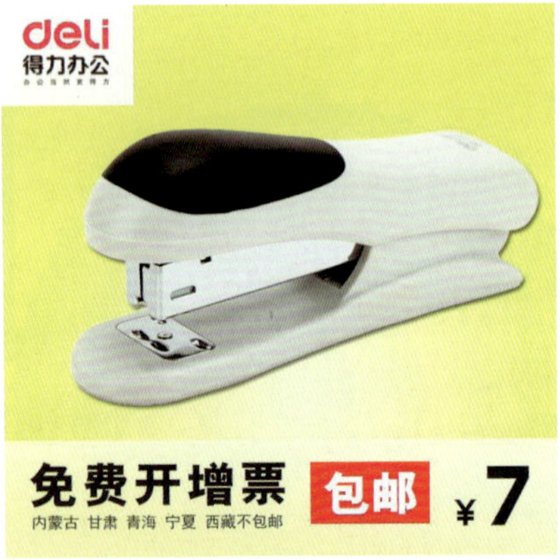

图 8.21　纯色背景

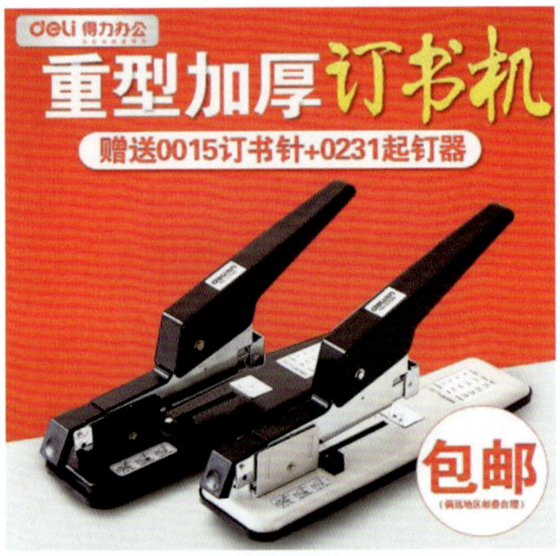

图 8.22　功能场景背景

3. 保证商品的重要位置

商品尽量不要被任何素材及文字覆盖，要保证图片与素材或文字的间距至少 10 像素。商品的面积占比至少为 30% 或以上（图 8.23）。

4. 保证图片的清晰度

作为产品主图，清晰度是最为重要的。清晰的图片能给人一种很强的品质感。因此在做图片设计的时候，要注意较暗的图片可以用色阶调亮，模糊的图片可以适当锐化，让它变得更清晰（图 8.24）。

5. 文案精准提炼产品卖点，注意排版

不管是产品的功能卖点还是价格，都要清楚地展示出来，清晰的告诉消费者这个商品的功能，有助于吸引消费者点击。产品主图的设计需要整齐、统一，缺一不可，对于其中重点信息可以通过改变字体大小或颜色来体现主次（图 8.25）。

图 8.23　商品处于中间位置

图 8.24　图片清晰

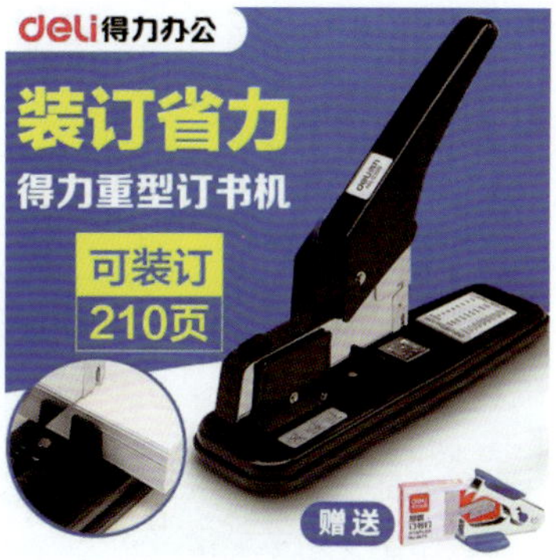

图 8.25　图片文案

五、主图制作

导学视频

本任务将分享两个案例。

案例 1　制作妈咪包的主图

首先，我们要了解妈咪包的卖点，设计主图文案，妈咪包的常用卖点在于容量大、轻便、功能多，我们这款妈咪包的特点是容量大且设计贴心，那我们可以定下诸如“贴心设计，鲸吞容量”“买 1 送 2 巨能装”等类似文案。

其次，我们要思考构图，如果没有思路可以找到类似的设计作参考。妈咪包要凸显出容量大，可以把其内部设计和能装下的物品都呈现出来，合理布局。

步骤 01 按“Ctrl+N”键。新建一个 800×800 像素的白底画布（图 8.26）。

步骤 02 填充颜色色号为“334e57”，如图 8.27 所示。

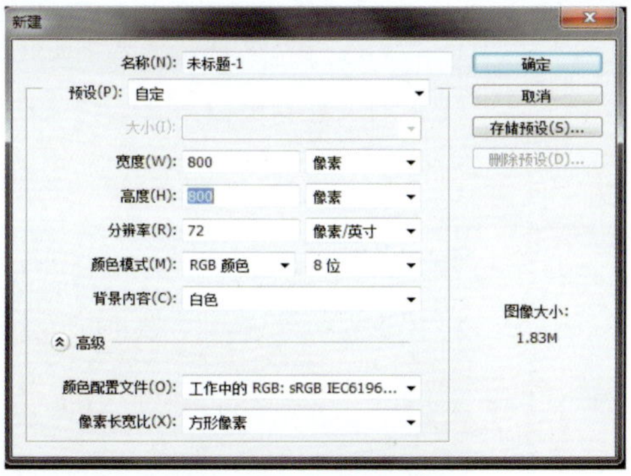

图 8.26　新建画布

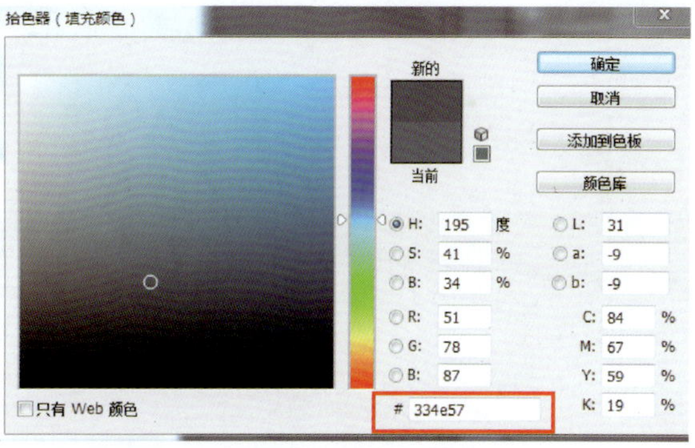

图 8.27　填充颜色

步骤 03 我们要打造一个场景，绘制一个桌面。选择矩形工具，填充一个更浅的灰蓝色，设置宽度和高度如图 8.28 所示。

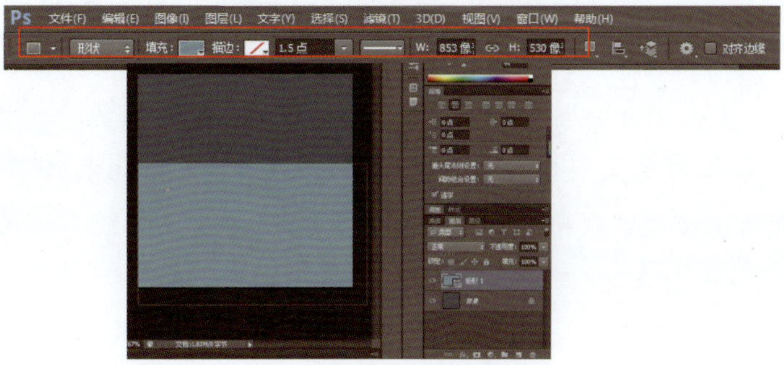

图 8.28　绘制桌面

步骤 04 在工具栏中找到直接选择工具，拖动矩形上的锚点，绘制出桌角的斜边。如图 8.29 所示。

步骤 05 再建一个矩形，填充颜色是更深一点的蓝色，用直接选择工具把他拖动成一个梯形，如图 8.30 所示。

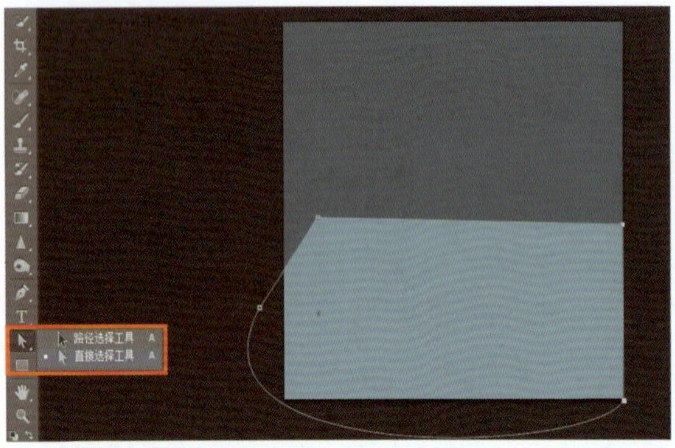

图 8.29 直接选择工具

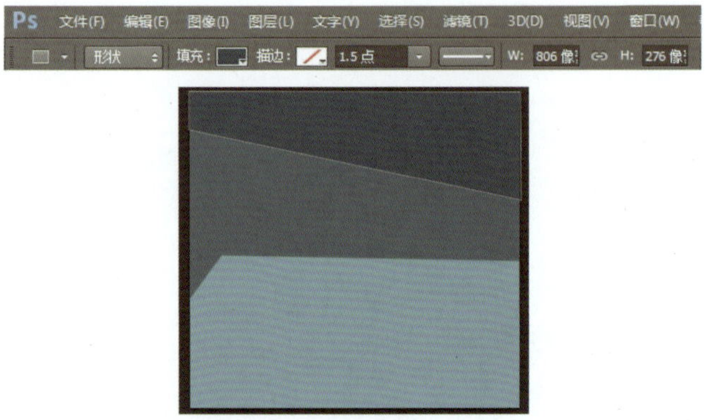

图 8.30 打造场景中的阴影

步骤 06 利用高斯模糊滤镜效果把背景中的阴影效果变得自然，具体设置参数和效果如图 8.31 所示。

步骤 07 把商品素材拖拽至图中，按“Ctrl+T”调整大小和位置，然后在图层样式中设置投影效果，具体参数如图 8.32 所示。

步骤 08 把其他素材都拖动到图中，调整好位置后，按住“Alt”键，拖动图层面板中的效果图标“fx”到每一个需要做投影效果的图层。如图 8.33 所示。

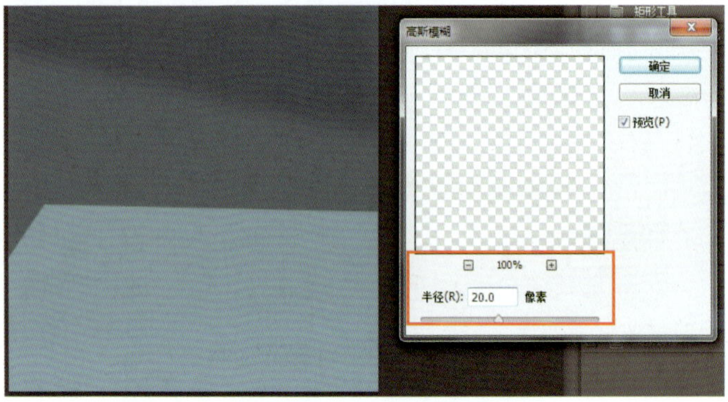

图 8.31 高斯模糊

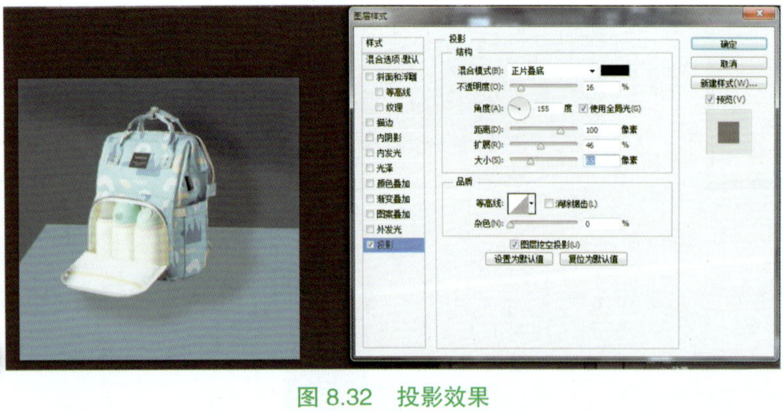

图 8.32 投影效果

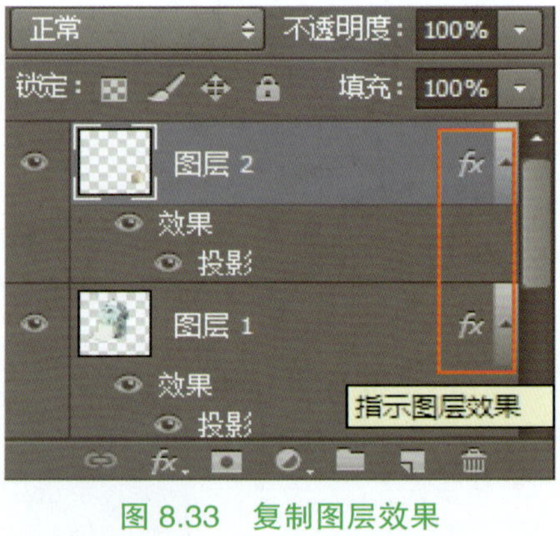

图 8.33 复制图层效果

步骤 09 再建一个红色矩形尺寸为 800×800 像素，无填充红色描边。新建大小不一两个圆角矩形工具填充颜色无描边，设置 圆角半径为 60 像素，里面编辑好文案，如图 8.34 所示。

步骤 10 再建一个圆角矩形，利用直接选择工具，拖动锚点至下图右边的形状，注意各锚点连接的弧度，如果做出弧线不平滑可以删除其中一个锚点利用钢笔工具新建路径完成弧线，填充圆角矩形的颜色，如图 8.35 所示。

图 8.34　圆角矩形工具和文案

图 8.35　利用锚点制作不规则图形

步骤 11 编辑不规则图形中的文字（图 8.36）。

步骤 12 把品牌 logo 拖动到图片中，做一个白色描边处理，选择编辑菜单栏中的描边，具体参数如图 8.37 所示。

步骤 13 最终效果图。如图 8.38 所示。

图 8.36　编辑文字

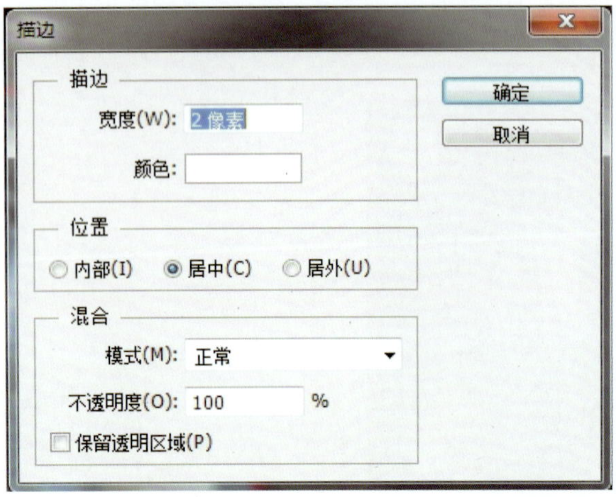

图 8.37　描边

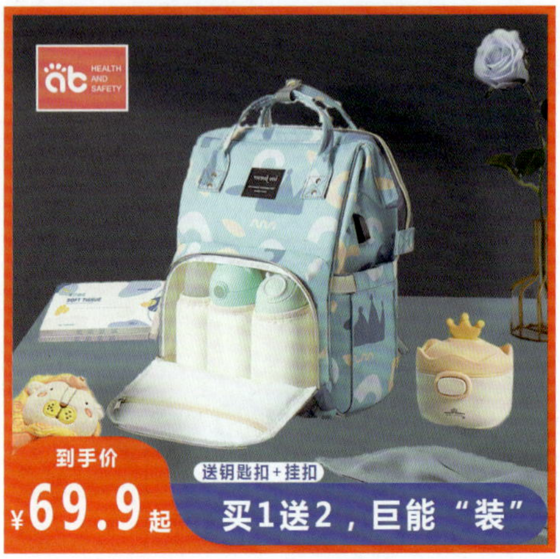

图 8.38　最终效果图

案例 2　化妆品的主图制作

导学视频

首先，我们要了解化妆品产品的卖点，设计主图文案，从产品本身出发，我们这款产品是洁面乳，洁面乳的常用卖点在于清洁力度、亲肤柔和、水感保湿，我们的产品优点在于水润洁颜，那我们可以定下诸如“洗出水嫩透明肌”等类似的文案。

其次，素材搜集。该产品的原材料中有龙胆提取物，在找相关素材的时候我们可以选取藤蔓植物和龙胆草来添加自然气息，还可以从水润着手准备素材。

步骤 01 按“Ctrl+N”键。新建一个 800*800 像素的白底画布（图 8.39）。

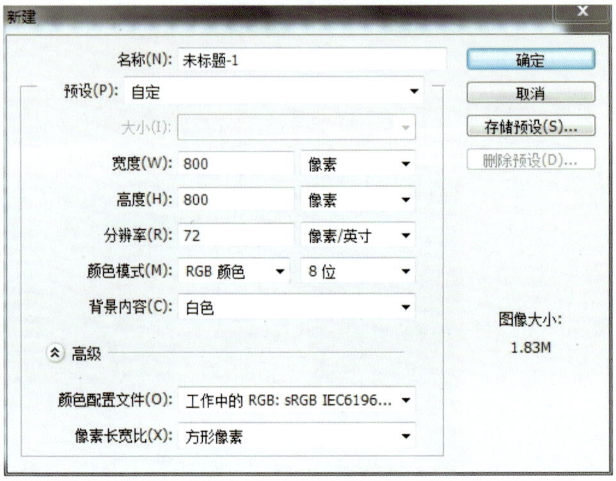

图 8.39　新建图层

步骤 02 把前景色的颜色色号设置为“74c1ef”如图 8.40，用油漆桶工具将背景层填充成浅蓝色，如图 8.41 所示。

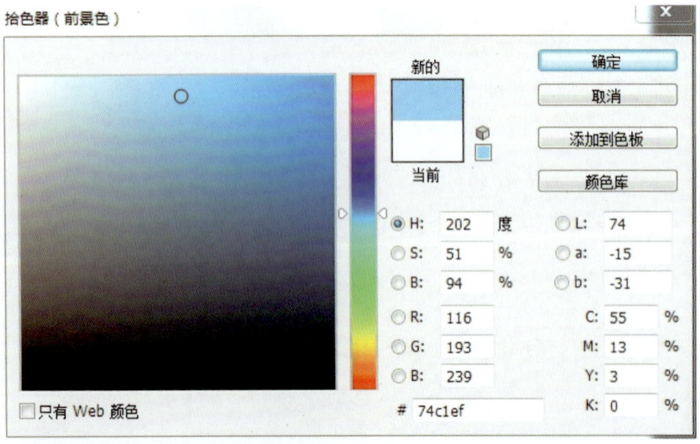

图 8.40　前景色颜色设置

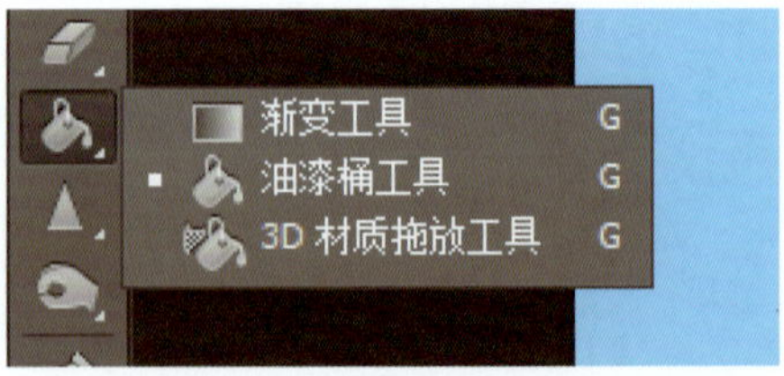

图 8.41　油漆桶工具

步骤 03 按“Ctrl+Shift+N”键，新建图层如图 8.42 所示，设置前景色颜色为白色。

步骤 04 用画笔工具选择“柔边圆”，大小设置为“900 像素”，硬度设置 0% 如图 8.43 所示。柔边画笔在图层中画一个点，可以多点几次，主要是形成白色到浅蓝色的自然过渡效果，效果如图 8.44 所示。

步骤 05 打开素材库中的洁面乳的素材，将其放到合适的位置中，注意图片下部分留出位置设计促销文案，如图 8.45 所示。

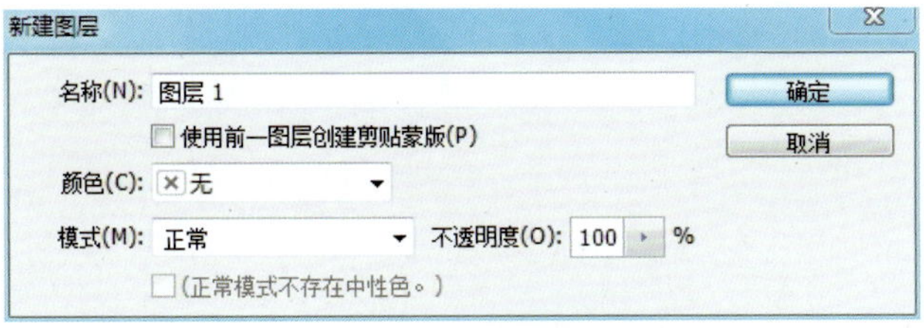

图 8.42　新建图层

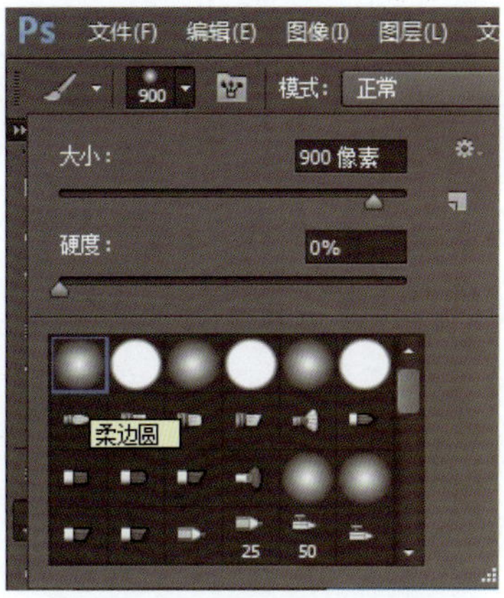

图 8.43　画笔参数设置

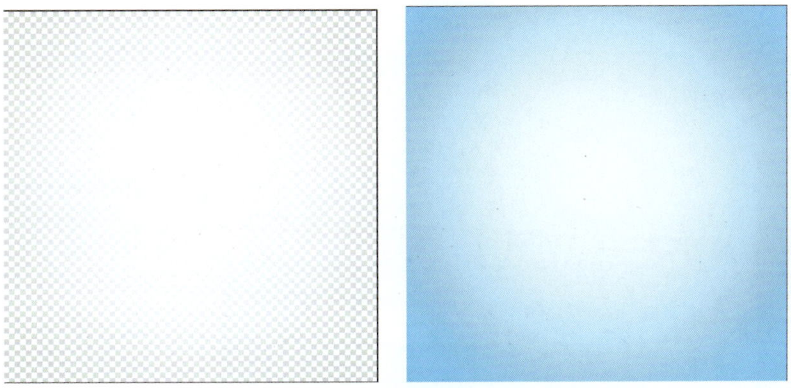

图 8.44　画笔图层效果和所有图层效果

图 8.45　添加素材

步骤 06 选择该产品图层（图层 2），复制此图层。选择菜单“编辑”中的“变换”下的“垂直翻转”，如图 8.46 所示。

步骤 07 把产品副本图层（图层 2 副本）用移动工具拖到底部位置跟原产品对接好，如图 8.47 所示。

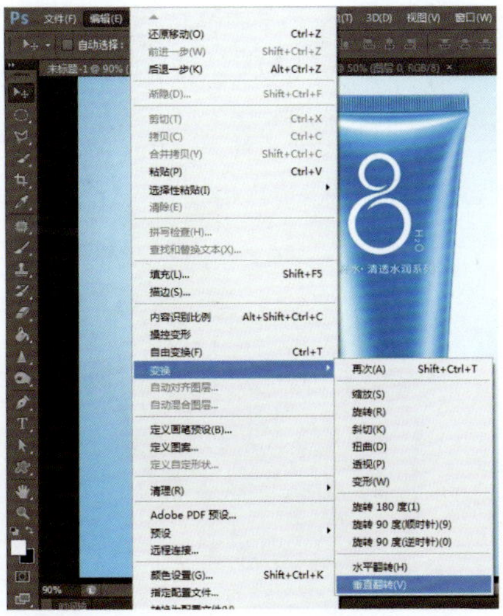

图 8.46　垂直翻转

图 8.47　水中花

步骤 08 点击蒙版按钮，添加蒙版如图 8.48 所示。然后在图层菜单下点击图层样式的“渐变叠加”，不透明度设置为 60%，其他设置如图 8.49 所示。

图 8.48 添加蒙版

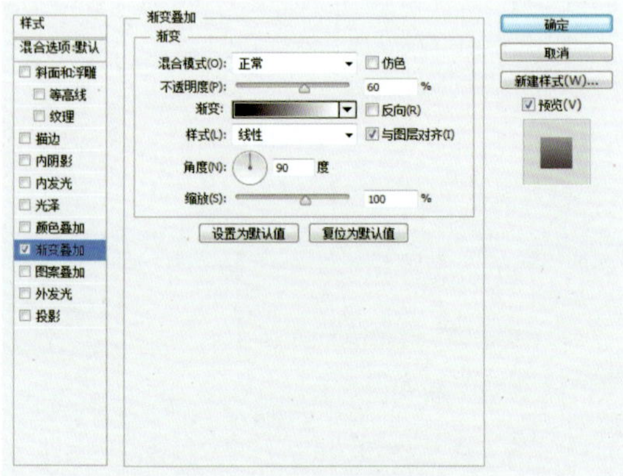

图 8.49 渐变叠加

步骤 09 在图层面板把当前图层混合模式改为“正片叠底”，如图 8.50 所示，效果图如 8.51 所示。

步骤 10 打开素材库中的树叶素材，调整好图层顺序，如图 8.52 所示，因素材处理有白边，把该图层混合模式改为“正片叠底”，如图 8.53 所示。

图 8.50 正片叠底

图 8.51 水中花效果

图 8.52 插入树叶素材

图 8.53 正片叠底处理瑕疵

步骤 11 打开素材库中的藤蔓素材，拖动到主图中，把该图层（图层 4）混合模式改为“正片叠底”如图 8.54 所示，如有瑕疵，选择“橡皮擦”工具擦除瑕疵。

图 8.54 变形工具

步骤 12 变换藤蔓的位置，然后点击编辑菜单栏中的“变换”下的“变形”如图 8.55 所示，让藤蔓环绕包裹着产品，在做变形调整的过程中要多次调整到合适的位置，如图 8.56 所示。

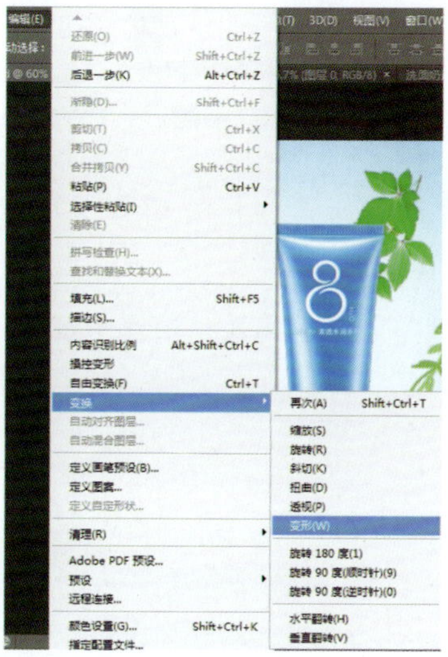

图 8.55 变形工具

图 8.56 调整藤蔓形状

步骤 13 把素材中的龙胆花一朵一朵嫁接到藤蔓上，注意花朵和藤蔓图层的顺序，可以利用变换工具放大或缩小花朵，调整花朵的角度，还可以水平翻转、垂直翻转，怎样看起来自然就用什么工具。如图 8.57 所示。

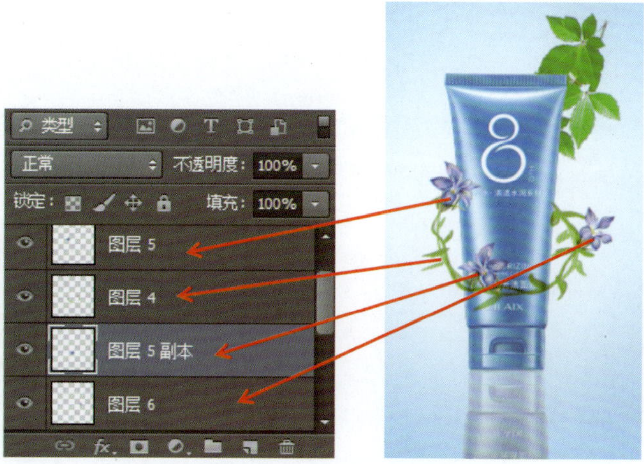

图 8.57 龙胆花的调整

步骤 14 因为我们这个是补水洁面乳，所以怎么能少了水呢，打开水花的素材，截取一部分将水花拖动到主图里面，并利用“变形工具”调整水滴大小与位置，如图 8.58 所示。

图 8.58　水花素材调整

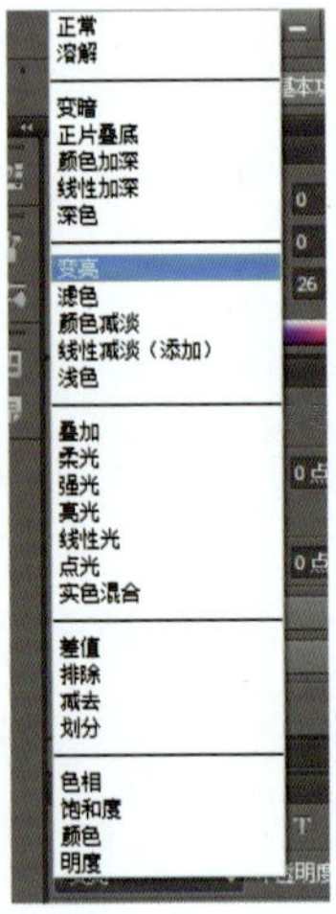

图 8.59　水花图层混合模式

步骤 15 将水花图层混合模式改为“变亮”，如图 8.59 所示。接着调整水花图层的顺序，放在图层 4（藤蔓图层）的下面，如图 8.60 所示。

步骤 16 打开素材库中泡泡素材，直接拖进主图，调整大小和位置，注意图层顺序，如图 8.61 所示。

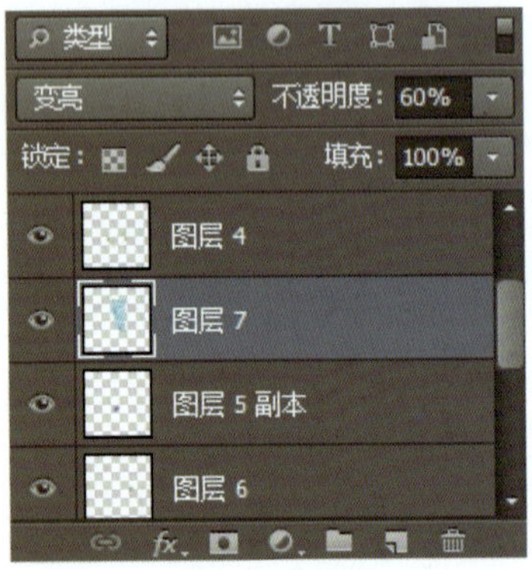

图 8.60　图层顺序

图 8.61　泡泡素材

步骤 17 选择文字工具中的横排文字工具，文字颜色选择如图 8.62 所示，文字大小和间距、字体等设置如图 8.63 所示。

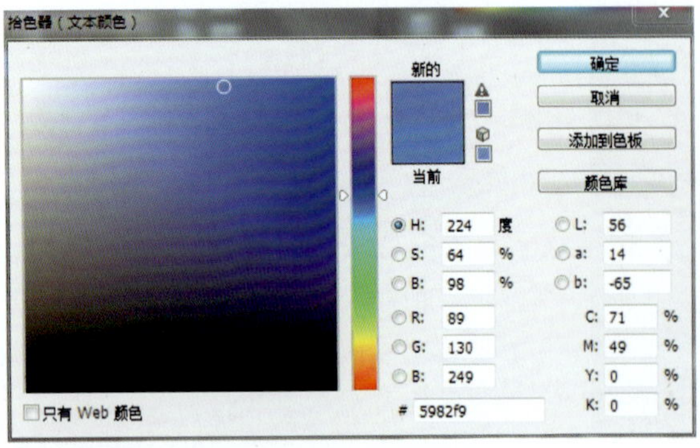

图 8.62　文字颜色

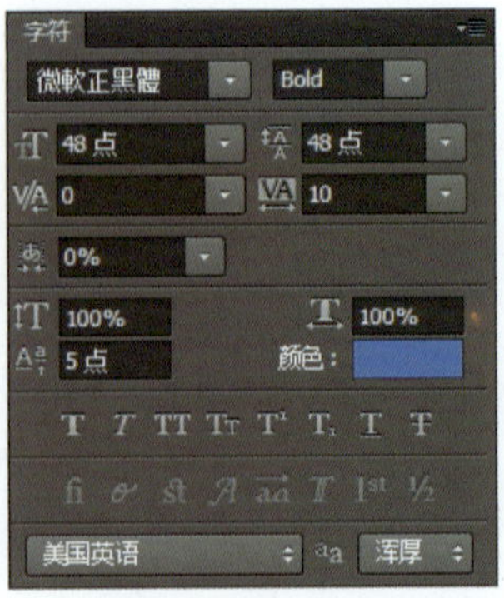

图 8.63　字体设置

步骤 18 打开素材库中复制泡泡图层和文字图层，如法炮制另外三个泡泡，效果图如图 8.64 所示。

步骤 19 选择横排文字工具，输入文案“洗出水嫩透明肌”，设置文字颜色和大小，还设置图层样式中的描边，如图 8.65 所示。

图 8.64　泡泡效果图

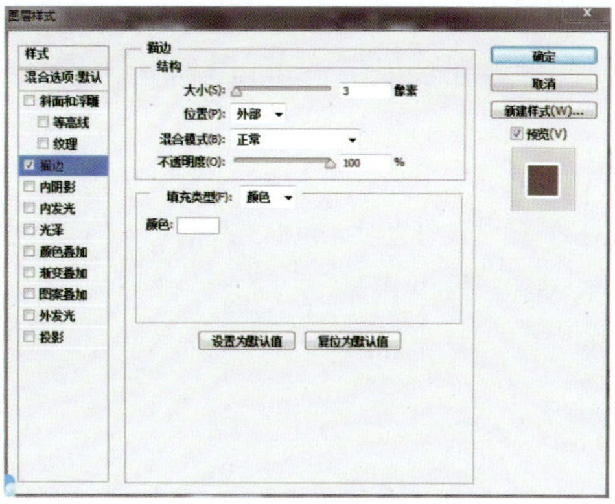

图 8.65　描边设置

步骤 20 选择矩形工具，选择灰色，设置如图 8.66 所示。

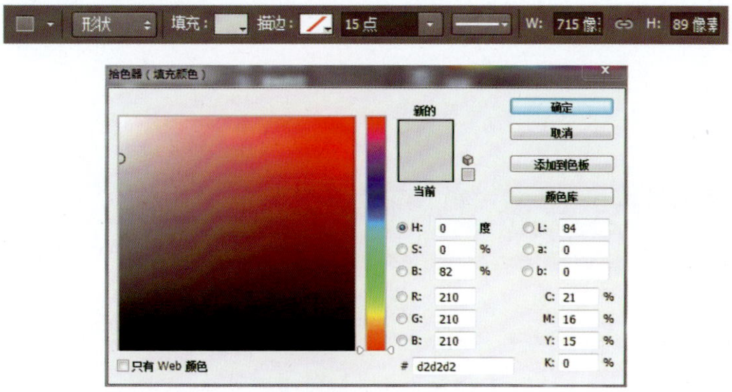

图 8.66　矩形设置

步骤 21 选择横排文字工具，输入文案，并做好描边，字体颜色为灰蓝色，描边为粉色，如图 8.67 所示。

步骤 22 选择自定义形状工具中的爆炸形状，填充好颜色（案例中填充为蓝色），编辑产品价格在图形中，并使用醒目的红色。最终效果图如 8.68 所示。

图 8.67　文案效果

图 8.68　洁面乳最终效果图

单元检测

一、选择题

1. 按住（　　）键配合鼠标，可以复制图层效果。

A. Ctrl　　B. Alt　　C. Delete　　D. Shift

2. 主图尺寸是（　　）。

A. 700 × 600 像素　　B. 1200 × 800 像素　　C. 200kB　　D. 800 × 800 像素

3. 优惠券的内容一般不包括（　　）。

A. 公司名称　　B. 商品相关图片　　C. 构图　　D. 优惠金额

二、简答题

1. 优惠券有哪些类型？
2. 主图的作用有哪些？
3. 主图的设计技巧有哪些？

任务三　实战训练

导学视频

实训一：优惠券制作

制作优惠券组合如图 8.69 所示（宽度 750 像素，高度自己定义）。

图 8.69　优惠券组合图

实训二：主图制作

利用素材做出主图如图 8.70 所示。

导学视频

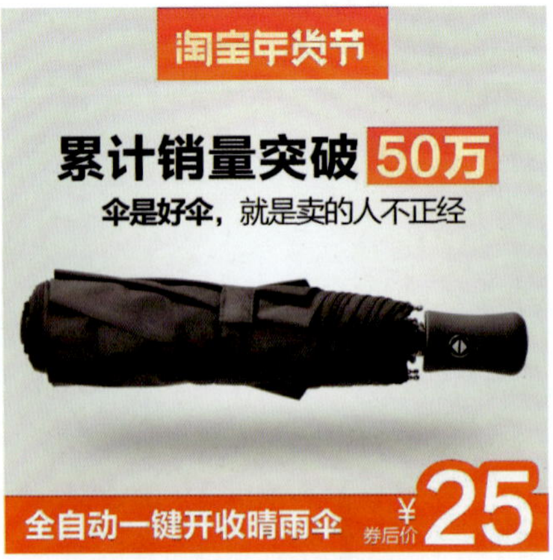

图 8.70　主图制作

项目九

海报设计

项目导入

海报电商中最重要的宣传媒介。

首页海报一般位于导航的下方，占有较大的面积，是顾客进入店铺首页中看到最多、最醒目的区域，是店铺整体形象的重要组成部分，所以一张好的海报，不仅让店铺显得更专业、引发顾客的购买行为，还能使顾客第一时间了解店铺的活动和促销信息。

项目目标

知识目标

√ 认识海报设计

√ 知道海报设计要点

能力目标

√ 学会用 Photoshop 制作一张海报

√ 通过制作作品，使学生学会掌握 Photoshop 工具的综合运用

素质目标

√ 通过制作作品，增强学生的审美意识和创新能力

√ 通过制作作品，培养学生自主探究的能力

项目重点

√ 知道海报设计要点

√ 学会用 Photoshop 制作一张海报

项目难点

√ 学会用 Photoshop 制作一张海报

√ 通过制作作品，使学生学会掌握 Photoshop 工具的综合运用

任务一　认识海报设计

一、海报的定义

海报是淘宝专门为淘宝店铺一级天猫店的卖家打造的创意广告推广工具。

二、海报的组成要素

1. 组成要素

产品：产品是海报的重要组成部分，在制作海报过程中应给予较多的空间来展示产品。

背景：根据产品、活动一级首页整体颜色来选择合适的背景，背景分为颜色背景、场景背景以及纹理背景。

文案：文案的文字建议不要超过 3 种，用大号的字体突显主题，文案分主题内容，副标题和说明性文字，用字体的大小把握好主次关系。

2. 具体操作

（1）海报内容 30% 的留白

画面内容过于饱满会让人觉得杂乱，有乡土感。高端、大气、上档次的设计就要有一定的空白，给顾客留下遐想的空间，如图 9.1 所示。

（2）3 段文字

在海报的文案中主要信息有：主标题、副标题、附加内容。设计的时候可以分为三段，段间距要大于行间距，上下左右也要有适当的留白，如图 9.2 所示。

图 9.1　内容留白

图 9.2　文字留白

图 9.3　文案杂乱

（3）3 种字体

不是说一定要用三种字体，而是不能超过三种字体，很多看上去乱的海报是因为字体样式太多不统一。针对主标题可以用粗大的字体，副标题小一点。字体不要有过多扎眼的描边色，或与主题风格不一致的字体，如图 9.3 所示。

切记： 产品照片模糊　文案字数过多　没有层次　背景太亮或太复杂

三、海报构图

常见的海报构图版式有：左图右文、左文右图、两边图中间文。

如图 9.4 所示海报是左文右图，这张海报的左边文案排版非常典型，字体上粗下细，上大下小，上下主次分明，形成对比。文案四四方方的架构非常稳重，非常平衡。

图 9.4　左文右图

如图 9.5 所示海报属于典型的左图右文，字体上粗下细，上大下小。下面的价格打折部分排版很稳重，结实，给人一种实实在在的优惠感。

图 9.5　左图右文

如图 9.6 所示海报是两边图中间文字的排版，常见于多模特海报中。一般是一边近景，另一边是远景，近景，远景模特产生对比和呼应。

图 9.6　两边图中间文字

如图 9.7 海报的背景是风景的情况下，文字直接打上去会显得太乱。可以直接画一个半透明的方框，如图 9.7 所示。然后再在背景里面排文案。模特也是一边远景，另一边近景。

图 9.7　给文字加透明框

当海报上要放置过多的促销产品时，可以采用如图 9.8 所示版式。中间是一个半透明的框输入文案。

图 9.8　产品过多时文案设计

斜切式构图会让画面显得时尚，动感活跃如图 9.9 所示。但是画面平衡感不是很好控制。一般斜切式的文案倾斜角度最好不要大于 30° ，不然得歪着头阅读。另外根据阅读习惯，文字一般是往右上方倾斜，文字这样有一种上升感。

图 9.9　斜切式构图

四、海报尺寸

对于整个淘宝店铺来说，淘宝店铺装修一般有两种尺寸可供选择，一种是 950PX，另外一种是 750PX。

750PX 宽度的海报，这种形式的海报主要放在于宝贝详情描述中，用于做主推宝贝的关联营销，而且对于小卖家来说还可以用于类目推荐等许多地方，是最实用的一种。

而 950PX 的海报，一般用于首页展示，这种海报对于大型店铺卖家来说很管用，很多人直接找到大型店铺卖家的店铺首页才点到其他宝贝页的，而小型店铺卖家根本没有这个实力，让买家能记得他们的店铺，所以更多还是通过淘宝搜索和直通车等手段来直达宝贝，所以宝贝描述中的海报就显得尤为重要了。

任务二　水果狂欢海报

导学视频

一、前言

该任务以水果宣传为主，在色彩上以水果固有色以及健康的绿色为主，相互搭配。为了使整个画面看起来清新自然，再添加一些装饰性元素，更进一步突出水果的卖点。

二、操作步骤

步骤 01 新建大小为 1920 像素 ×600 像素、分辨率为 72 像素 / 英寸、文件名称为“水果狂欢海报”的白色画布，如图 9.10 所示。

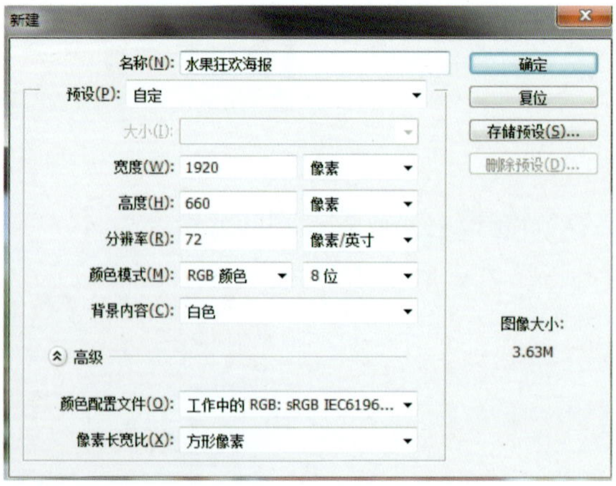

图 9.10　新建文件

步骤 02 创建背景组，在组内新建图层，命名为“蓝色”，设置前景色 #a9caeb，用画笔工具是左右两边颜色渐变，如图 9.11 所示。

步骤 03 创建新组“装饰”，将叶子、鸟等打开放至文件，并调整位置大小，如图 9.12 所示。

步骤 04 将前景色选为白色。选中画笔工具，按“f5”键，打开画笔工具栏，如图 9.13。设置如下参数：选择“形状动态”，设置以下属性：大小抖动：100%、最小直径：20%、角度抖动：20%、控制：钢笔压力；选择“散布”，设置以下属性：两轴：120%、数量：5、数量抖动：100%；选择“纹理”，设置以下属性：图案：云彩、缩放：100%、颜色模式：颜色加深、深度：100%；选择“传递”，设置以下属性：不透明抖动：50%、流量抖动：20%；

图 9.11　蓝色图层效果

图 9.12　放入装饰组素材

步骤 05 在左上方将画笔的主直径调高，画出心形云朵。如图 9.14 所示。

步骤 06 新建产品组，放入产品图像，调整适当的大小和位置，并设置图层样式“投影”，参数如图 9.15 所示。

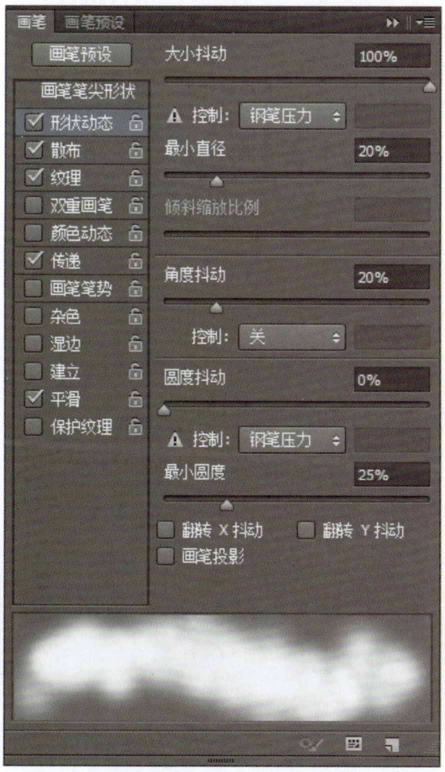

图 9.13　画笔工具设置

图 9.14　画笔工具画出云朵

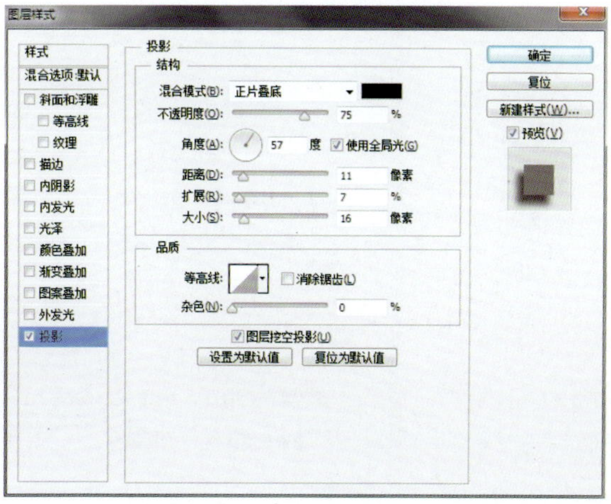

图 9.15　设置投影参数

步骤 07 新建文案组，输入“水果狂欢”，字体“叶根友毛笔行书简体”、160 点、浑厚、颜色为 #ff8100，并调整文字位置，设置图层样式“斜面浮雕”、“描边”为白色 7 像素；输入“沁人心脾 / 有滋有味 / 唇齿留香”、幼圆、45 点、平滑、颜色为 #ff8100，设置图层样式“描边”为白色 1 像素；用圆角矩形工具绘制图形，填充颜色为 376a03、无描边；输入文字“全场买一送一，仅限前 100 名”放至圆角矩形内，幼圆、30 点、平滑、颜色为 #ffffff，设置图层样式“描边”为白色 1 像素。调整文字位置，最终效果如图 9.16 所示。

图 9.16　最终效果图

任务三　婴儿用品活动海报

导学视频

一、前言

该任务一促销婴儿用品为主，采用蓝色为主，白色为辅，绿色作为点缀，符合婴幼儿群体的特性，选择相对比较活泼的字体，使画面活跃跳脱。

二、操作步骤

步骤 01 新建大小为 1920 像素 ×600 像素、分辨率为 72 像素 / 英寸、文件名称为“婴儿用品活动海报”的白色画布，如图 9.17 所示。

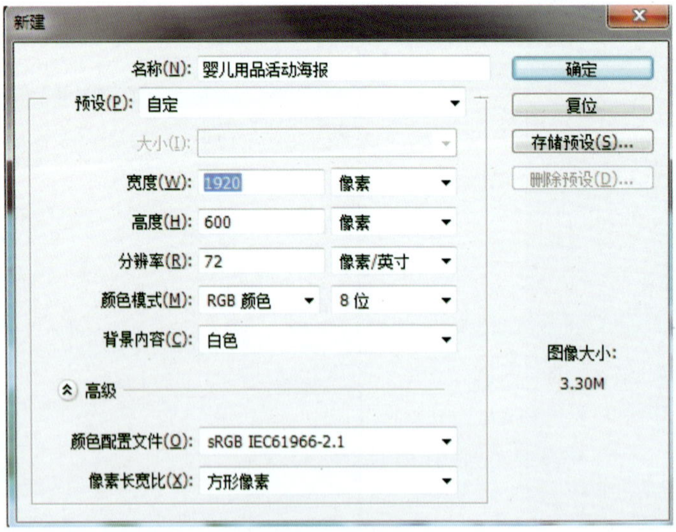

图 9.17　新建文件

步骤 02 创建新图层，命名为“淡底”，该图层填充色为“#66d5d7”；创建新组“装饰”；在“自定义形状工具”中选择“花形装饰 3”，描边色为“#ffffff”，描边粗细为“3 像素”绘制图案；使用“矩形工具”和“圆角矩形工具”绘制房屋，绘制时在工具属性栏中选择“路径”操作，房屋填充色分别为“#4ec699”“#41b284”“ #097c25”。并调整位置。效果如图 9.18 所示。

图 9.18　装饰图案绘制后效果

步骤 03 用“椭圆选框工具”和变换选取命令绘制一条白色的路，效果如图 9.19 所示。

步骤 04 将奶牛、热气球、星星、奶牛等素材打放至当前文件中，调整好角度、位置、大小，效果如图 9.20 所示。

图 9.19　绘制白色小路

图 9.20　放入素材

步骤 05 创建新组“产品”，将纸尿裤、牛奶放至当前文件中，调整位置大小；双击纸尿裤图层，打开图层样式对话框，勾选投影复选框，对其参数进行设置，点击确定完成操作。按照上述方式继续进行牛奶产品图层样式操作如图 9.21 所示。

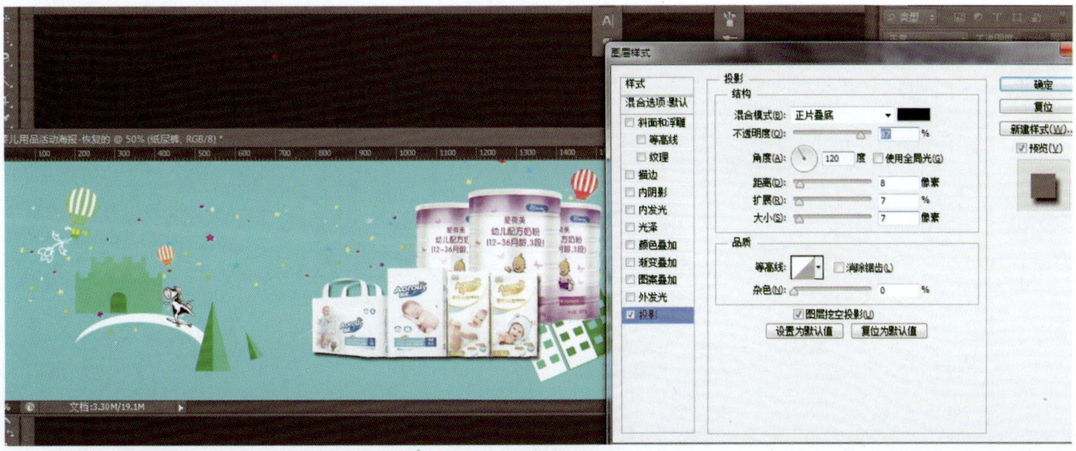

图 9.21　放入产品并设置图层样式

步骤 06 创建新组“文案”：选择“横排文字工具”，字体格式设置为“方正喵呜体、150 点、浑厚、#ffffff”，输入“5 折狂欢”文本，字体格式设置为“方正毡笔黑简体、120 点、浑厚、#ffffff”，分别复制文本图层两次，调整位置，使字体达到加粗效果。效果如图 9.22 所示。

图 9.22　输入并设置文字

步骤 07 选中文本图层，按“Ctrl+E”组合键执行“合并图层”命令，重命名为“嗨购儿童节”。创建新图层“图层 6”，在图层 6 选中状态下按住“Ctrl”键，点击文本图层缩览图建立选区，执行“选择”|“修改”|“扩展”命令，在弹出的对话框中设置“6 像素”，点击“确定”按钮完成；执行“编辑”|“描边”命令，打开“描边”对话框，设置宽度为“2 像素”，颜色为“ffffff”，点击“确定”按钮完成。效果如图 9.23 所示。

图 9.23　文字描边后效果

步骤 08 创建新组“立即抢购”，在该组下创建新组“线条”，创建新图层选择“矩形工具”，在工具属性栏中选中“添加到选区”按钮绘制不同长度的矩形条，填充色为“00fffc”。选中“线条”图层，按“Ctrl+J”组合键复制三个该图层，在图层面板中点击“锁定透明像素”按钮，分别命名为“red”“green”“blue”，对应的填充颜色为“#d629eb”“#425de5”“#ffffff”，双击“线条”组，打开图层样式对话框，勾选渐变叠加，对其参数进行设置。如图 9.24 所示。

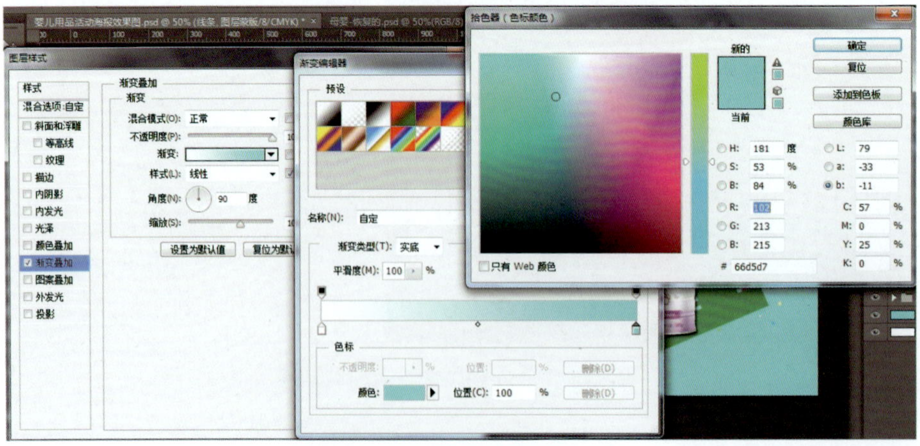

图 9.24　给线条设置渐变

步骤 09 选中“线条”组，移动其位置：在“立即抢购”组下创建新组“立即抢购”：选择“横接文字工具”，字体格式设置为“方正粗雅宋体、30 点、浑厚、ffffff 输入“立即抢购”文本。使用“矩形工具”绘制矩形，放至“立即抢购”文本下，单击鼠标右键，在打开的快捷菜单中选择“转换为智能对象”；执行“滤镜”|“风格化”|“风”命令，在打开的对话框中选择“风”“向左”单选框，点击“确定”按钮完成；继续执行该命令，在打开的对话框中选择“风”“向右”单选框，点击“确定”按钮完成。

执行“滤镜”|“模糊”|“动感模糊”命令，在打开的对话框中设置角度为“1”度，距离为“117 像素”，点击“确定”按钮完成；双击该图层，打开“图层样式”对话框，勾选“渐变叠加”复选框，其中渐变色为“#40d66c”“#66d5d7”，对其参数进行设置，点击“确定”按钮完成。效果如图 9.25 所示。

图 9.25　立即抢购组最终效果

步骤 10 用钢笔工具绘制云朵状路径，填充白色，加入 logo，适当调整各对象位置，保存文件，效果如图 9.26 所示。

图 9.26　最终效果图

任务四　电脑海报

导学视频

一、前言

该任务以促销轻薄笔记本为主，营造强烈的画面氛围感，在画面层次感强的同时又不失协调性。

二、制作步骤

步骤 01 新建大小为 1920 像素 ×600 像素、分辨率为 72 像素 / 英寸、文件名称为“婴儿用品活动海报”的白色画布，如图 9.27 所示。

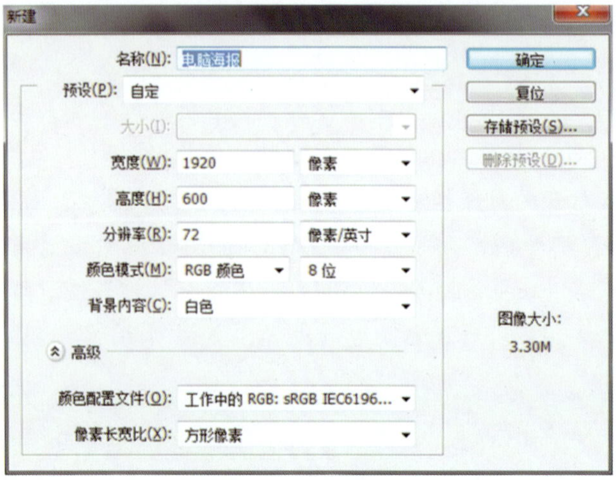

图 9.27 新建文件

步骤 02 创建新组“背景”，将“纹理.jpg”素材打开放至当前文件中，调整位置；创建新图层“图层 1”，按“Alt+Delete”组合键填充前景色，将图层混合模式更改为“柔光”，以“纹理”图层为目标，按“Alt+Ctrl+G”组合键执行“创建剪贴蒙版”命令；单击图层面板下方的“创建新的填充或调整图层”按钮，在弹出的下拉菜单中选择“亮度 / 对比度”，对其参数进行设置，以“纹理”图层为目标，执行“创建剪贴蒙版”命令，如图 9.28 所示。

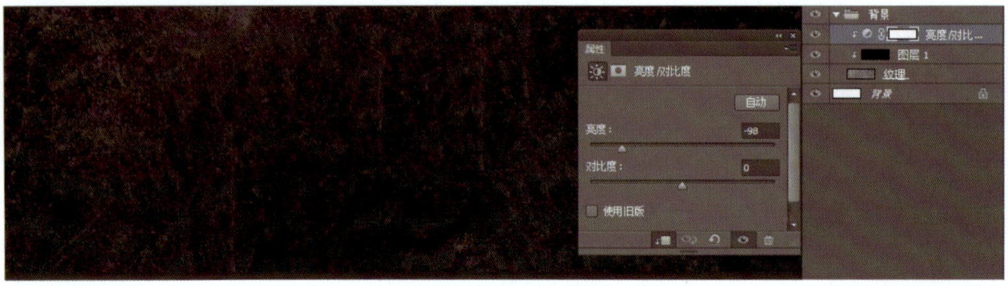

图 9.28 对纹理背景进行设置

步骤 03 创建新组“文案”，选择“横排文字工具”，字体格式设为“方正正黑简体、124 点、平滑、#000000”，输入“极锋之刃”文本，按“Ctrl+J”组合键复制该文本图层，将文本颜色更改为“#ffffff”，稍移动位置形成错位；继续选择“横排文字工具”，字体格式设为“方正兰亭超细简体、50 点、平滑、#fede04”，输入“硬核担当，强悍且游刃有余”文本，调整角度位置；用矩形工具，无填充、白色描边 1 像素，框住后面文字。整体调整文字角度，图像效果如图 9.29 所示。

图 9.29 输入并设置文字

步骤 04 双击“超级轻薄本”图层，打开“图层样式”对话框，勾选“斜面和浮雕”复选框，在打开话框中，对其参数进行设置；继续勾选“等高线”复选框，参数设置为：“等高线”选择“内凹－深购选“消除锯齿”复选框，范围设置为“14%”，如图 9.30 所示；接着勾选“描边”复选框，在打开的对话框中，对其参数进行设置，如图 9.31 所示；再勾选“内阴影”复选框，参数设置为：角度为“−90 度”，不勾选“使用全局光”如图 9.32 所示；最后勾选“内发光”复选框，参数设置为：不透明度为“65%”，杂色为“2%”，颜色为“#cbcbcb”，渐变方式为“从前景色到透明渐变”，源选择“居中”，大小设为“124”像素，如图 9.33 所示。

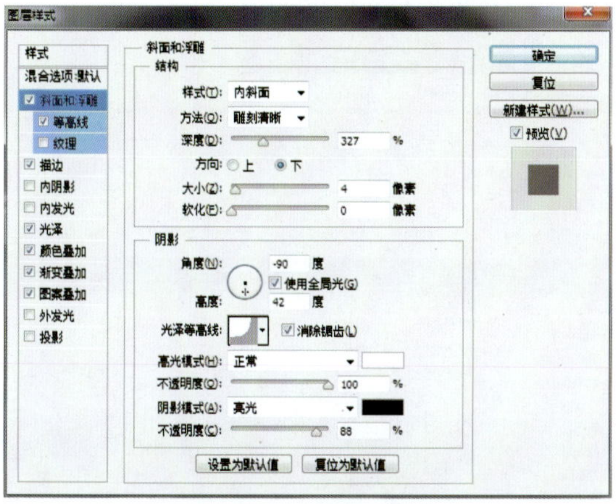

图 9.30　斜面浮雕参数

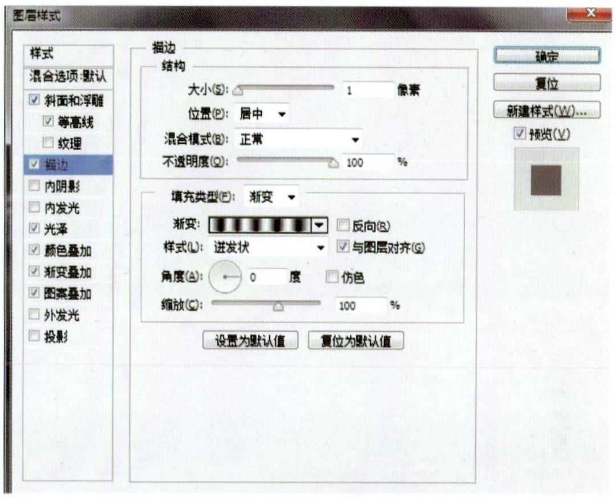

图 9.31　描边参数

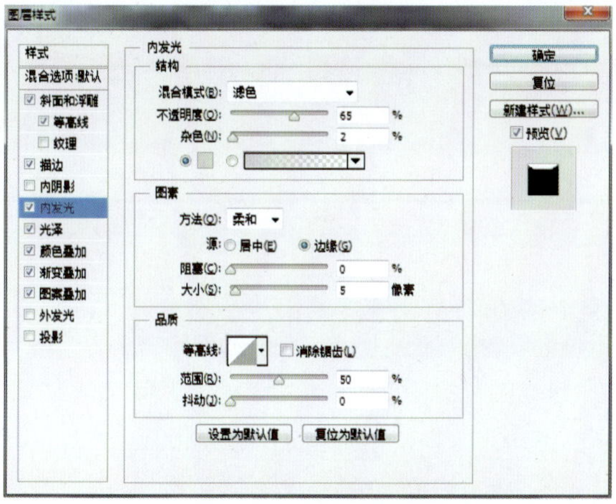

图 9.32　内发光参数

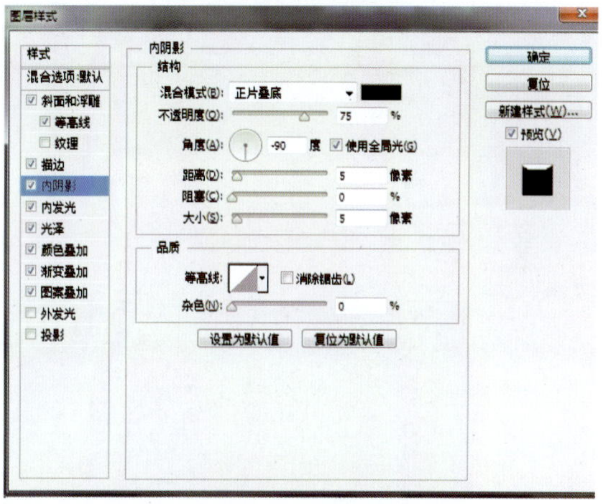

图 9.33　内阴影参数

步骤 05 勾选“光泽”复选框，在打开的对话框中对其参数进行设置，如图 9.34 所示；继续勾选“颜色叠加”复选框。参数设置为：混合模式选择“正片叠底”，颜色为“#9e9e9e”，不透明度为“62%”，如图 9.35 所示；接着勾选“渐变叠加”复选框，参数设为：混合模式选择“正片叠底”，渐变色为“#d6dadd、#979b9e”，角度为“102 度”，勾选“仿色”“反向”“与图层对齐”复选框，如图 9.36 所示；再勾选“图案叠加”复选框，在打开的对话框中，对其参数进行设置；最后勾选“投影”复选框，在打开的对话框中，对其参数进行设置，如图 9.37 所示，点击“确定”按钮完成，效果如图 9.38 所示。

步骤 06 创建新组“点缀”，将“陨石”素材打开放至当前文件中，调整位置大小；将“高光”素材打开放至当前文件中，调整位置大小，将图层混合核式更改为“滤色”，并复制几个，放至合适的位置；将前景色设置为“#F59203”，创建新图层，使用椭圆选框工具绘制椭圆，填充前景色，执行“滤镜 | 模糊 | 高斯模糊”，像素为 8.8，将该图层混合模式改为“叠加”，效果如图 9.39 所示。

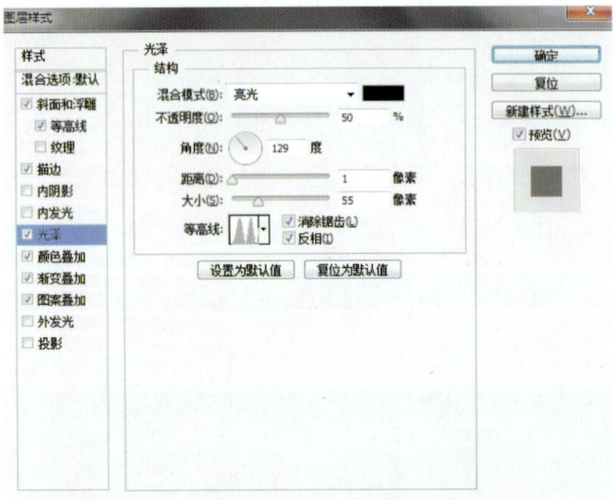

图 9.34　光泽参数

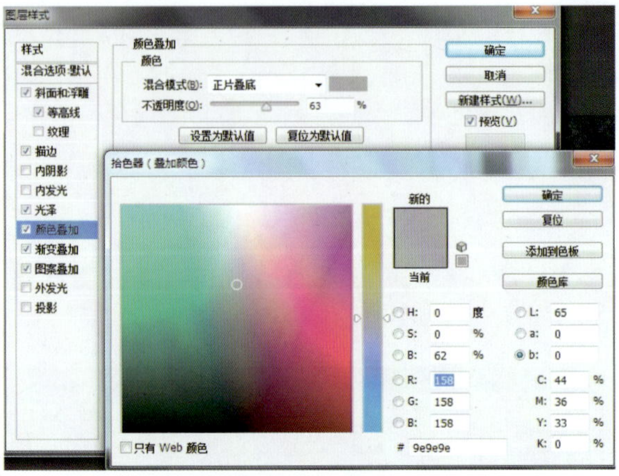

图 9.35　颜色叠加参数

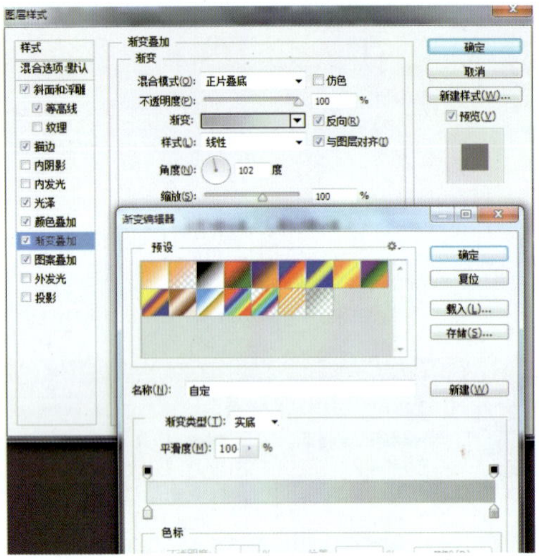

图 9.36　渐变叠加参数

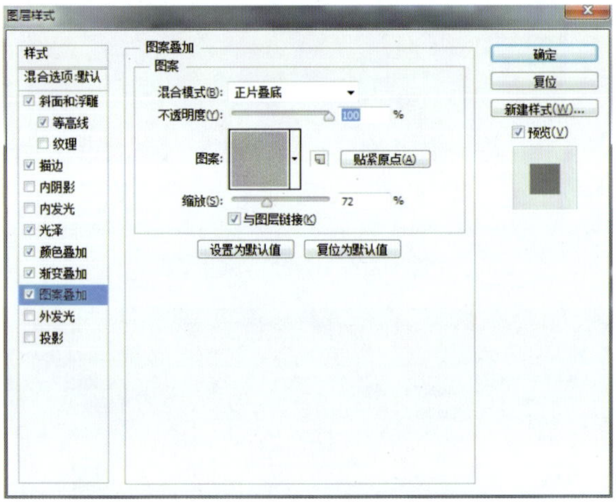

图 9.37　图案叠加参数

图 9.38　文字最终效果

图 9.39　放入素材并绘制其他装饰后效果

步骤 07 将三个产品素材打开放至当前文件中，最终效果如图 9.40 所示。

图 9.40　最终效果图

任务五　钢笔海报

导学视频

一、前言

该任务以钢笔 618 活动为主，营造强烈的画面氛围感，在画面层次感强的同时又不失协调性。

二、操作步骤

步骤 01 新建大小为 1920×600 像素、分辨率为 72 像素 / 英寸、文件名称为“钢笔海报”的白色画布，新建图层，选择画笔工具，画笔大小为 622，硬度为 0，前景色为白色，在图层中间点击，调整图层不透明度为 20%，效果如图 9.41 所示。

图 9.41　设置背景图层

步骤 02 用矩形工具绘制 10×500 像素的矩形，用转换点工具调整矩形形状，放至海报左下角，调整图层不透明都为 40%，效果如图 9.42 所示。

图 9.42　调整矩形形状用作装饰

步骤 03 复制该矩形，Ctrl+T 进行旋转，和之间的矩形交叉放置；再复制一份旋转后放至海报左上角，效果如图 9.43 所示。

图 9.43　复制矩形

步骤 04 选中三矩形图层，同时复制，水平翻转后再垂直翻转，放至海报右侧，效果如图 9.44 所示。

图 9.44　右侧矩形装饰

步骤 05 拖入钢笔素材，调整大小和位置；复制素材图层并垂直翻转，调整复制图层不透明都为 40%，做成倒影，效果如图 9.45 所示。

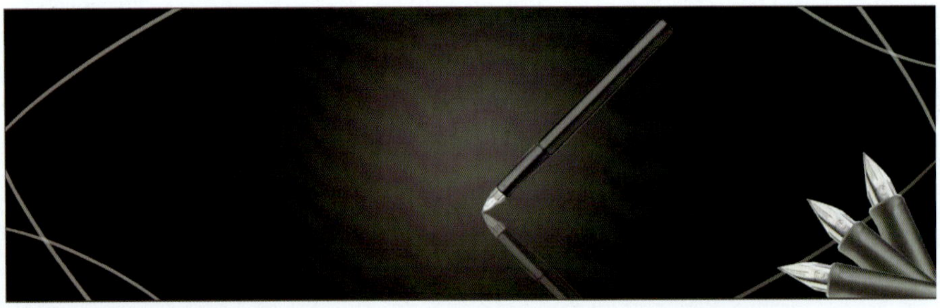

图 9.45　调整钢笔素材

步骤 06 拖入笔头素材，调整大小和位置；复制素材图层两次并旋转 −25°，放至海报右下角，效果如图 9.46 所示。

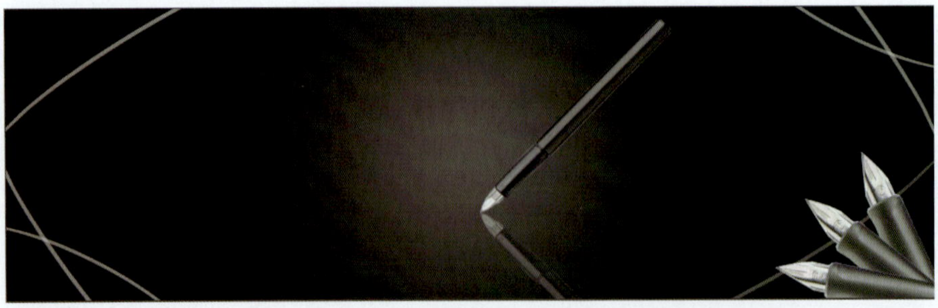

图 9.46　调整笔头素材

步骤 07 输入文字“惬意人生，笔不可少”，字体为黑体，大小为 72 点，颜色为 #c6c6c6；输入英文“GRACE&SIMPLE”，字体为 NEWSGTH LtBT，大小为 36 点，颜色为 #c6c6c6，效果如图 9.47 所示。

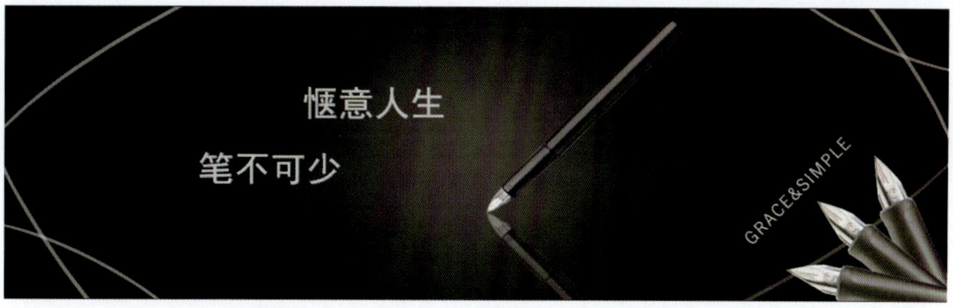

图 9.47　输入文字

步骤 08 选择圆角矩形工具画图，填充白色，无描边；在圆角矩形中输入文字“618 全场包邮”，字体为幼圆，大小为 24 点，颜色为黑色，最终效果如图 9.48 所示。

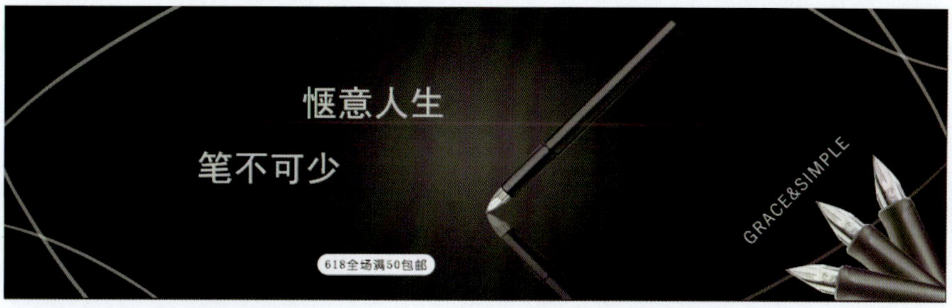

图 9.48　最终效果图

单元检测

简答题

1. 海报通常由哪个部分组成？分别有什么特点？
2. 海报的构图方式？
3. 怎么确定海报的尺寸？

任务六　实战训练

实训：制作零食风暴海报（图 9.49）

导学视频

图 9.49　零食风暴效果图

项目十

综合实例

项目导入

该项目以给“翠玉轩”玉器店装修为实例，由产品（手镯）制作——logo设计——主图设计——店招设计——海报设计为完整链条的项目化理实一体教学实例，紧扣店铺文化内涵和产品风格，突显了设计师独具匠心的设计理念。

项目目标

知识目标

√ 知道各图形的尺寸

√ 通过前面的学习，能够搭配好图形的颜色，选好合适的字体，以突出图片索要传达的内容

能力目标

√ 能熟练制作各种图形

√ 通过制作作品，使学生学会掌握Photoshop工具的综合运用

素质目标

√ 通过制作作品，增强学生的审美意识和创新能力

√ 通过制作作品，培养学生自主探究的能力

项目重点

√ 通过前面的学习，能够搭配好图形的颜色，选好合适的字体，以突出图片索要传达的内容

√ 通过制作作品，使学生学会掌握Photoshop工具的综合运用

项目难点

√ 能熟练制作各种图形

√ 通过制作作品，使学生学会掌握Photoshop工具的综合运用

任务一　制作手镯

导学视频

在本任务中我们将学会怎么制作玉手镯图片。

操作步骤

步骤 01 新建一个 800×800 的文件，新建一个图层，设前景色为绿色，背景色为白色，执行菜单 / 滤镜 / 云彩，然后用椭圆工具画一个正圆，如图 10.1 所示。

步骤 02 Ctrl+J 复制出一个椭圆图层，隐藏图层 1，如图 10.2 所示。

步骤 03 将背景填充为黑色，在图层面板按住 Ctrl 键单击椭圆图层以载入其选区，执行菜单 / 选择 / 变换选区，按住 Shift+Alt 键等比例缩小。按 Delete 键删除，形成一个环形，如图 10.3 所示。

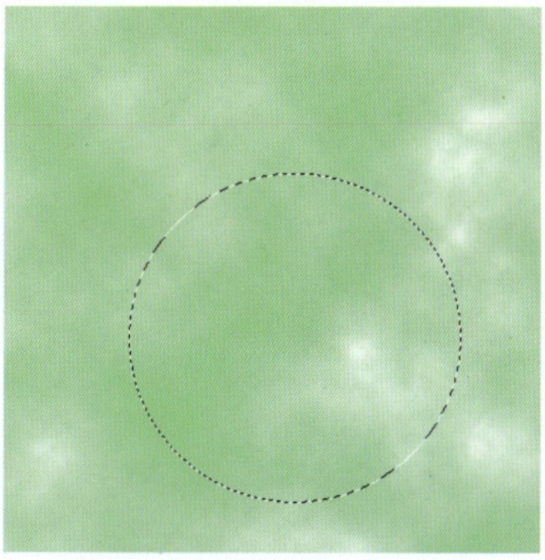

图 10.1　执行滤镜后画正确

图 10.2　复制图层后隐藏图层

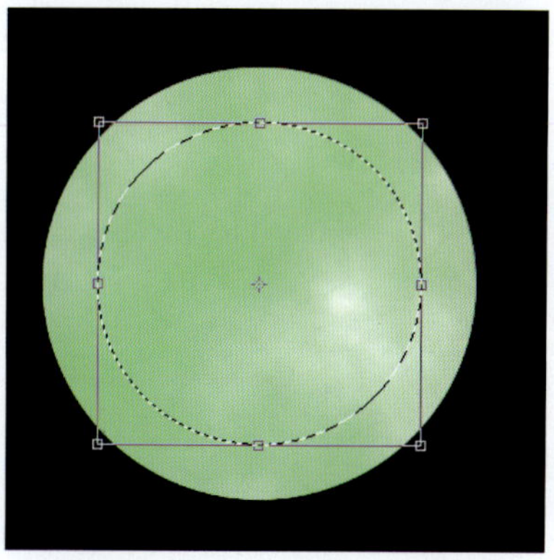

图 10.3　执行变换选区命令

步骤 04 下面开始调样式。双击手镯图层调出其图层样式窗口，勾选如下样式，如图 10.4- 图 10.9 所示。

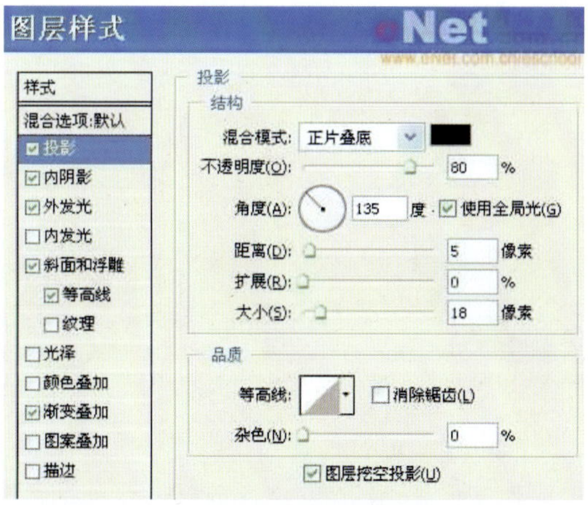

图 10.4　投影参数

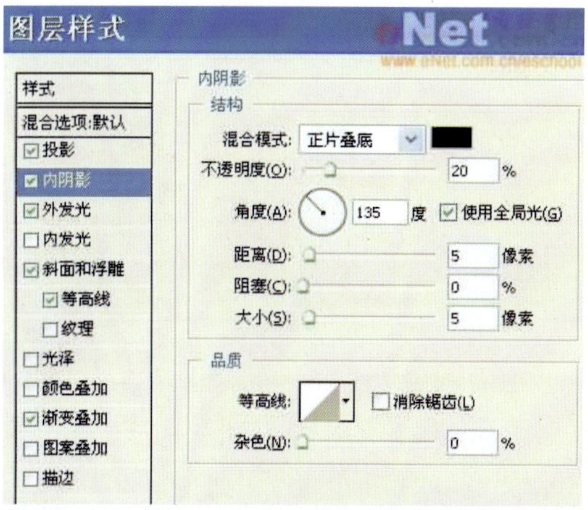

图 10.5　内阴影参数

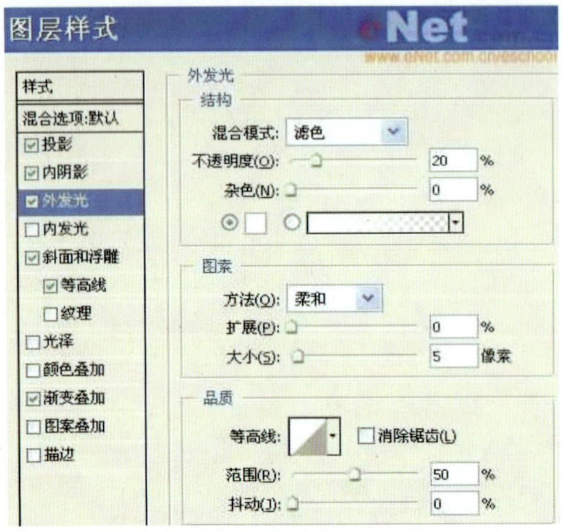

图 10.6　外发光参数

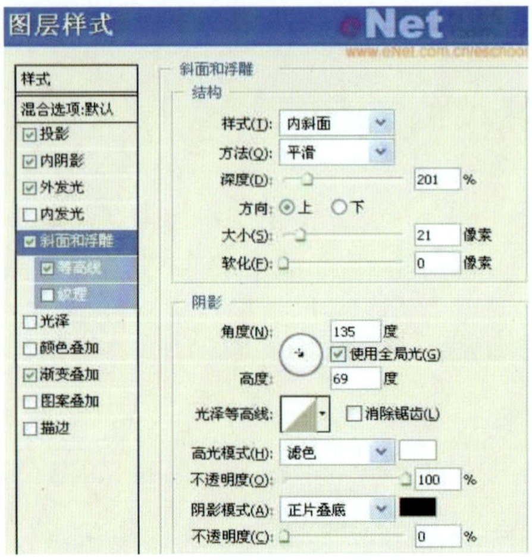

图 10.7　斜面浮雕参数

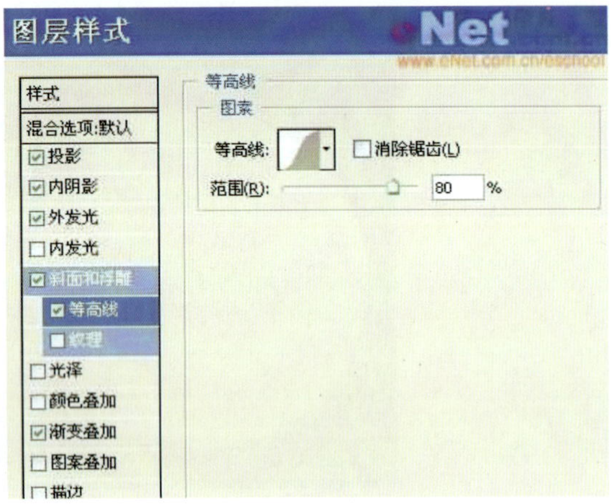

图 10.8　等高线参数

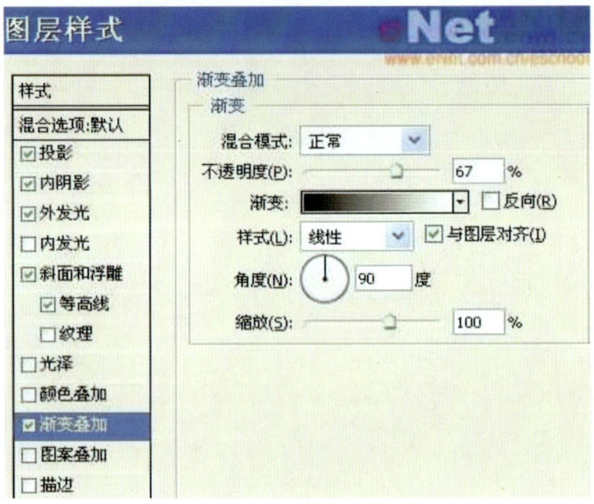

图 10.9　渐变参加参数

步骤 05 最终效果如图 10.10 所示。保存文件，一份 PSD 文件，一份 PNG 格式文件。

图 10.10　最终效果图

任务二　制作 logo

导学视频

logo 是徽标或者商标的外语缩写，是 logotype 的缩写，起到对徽标拥有公司的识别和推广的作用，通过形象的徽标可以让消费者记住公司主体和品牌文化。

淘宝 logo 文件格式为 GIF、JPG、JPEG、PNG，建议尺寸为 80×80px，文件大小为 80kB 以内。

操作步骤

步骤 01　新建 80×80 像素文件，新建图层。选择椭圆选框工具，设定固定大小，宽度高度都为 80 像素，画正圆，填充颜色 #00561f。保持选区，执行菜单 / 选择 / 变换选区，按住 Shift+Alt 键等比例缩小至 80%。按 Delete 键删除，形成一个环形，如图 10.11 所示。

步骤 02　在 20 像素和 60 像素处新建两条水平参考线，把圆环右边两参考线中间段用橡皮擦擦除，如图 10.12 所示。

步骤 03　输入文字“玉”，方正藏体简体，90 点。栅格化文字，用橡皮擦把上下两横擦除，调整大小，如图 10.13 所示。

图 10.11　执行变换选区

图 10.12　擦除后效果

图 10.13　输入并设置文字

步骤 04　载入文字选取，用矩形选框工具结合“从选取减去”属性，把笔画点选中，并填充红色，如图 10.14 所示。

步骤 05　可以适当旋转角度，如图 10.15 所示，保存一份 PSD 格式文件和一份 PNG 格式文件。

图 10.14　设置笔画

图 10.15　最终效果图

任务三　制作主图

导学视频

淘宝主图，就是网店商品的商品图。通过发布主图，可以吸引买家的注意和查看的图片。一般表现在：产品第一张，展现给买家看到的。

淘宝主图标准是尺寸最大 800×800。图片大小是小于 3M。

操作步骤

步骤 01 新建一个 800×800 的文件，新建“产品”组，打开之前保存的手镯 PNG 图片，复制一份，执行垂直翻转、水平翻转，调整好位置，做好倒影，如图 10.16 所示。

步骤 02 新建“文案”组，输入“送礼佳品 假一赔十”，汉仪程行简、90 点，输入“活动到手价”，微软雅黑、24 点，输入“￥3668”、93 点，微软雅黑、24 点，文案颜色都为 #a79a00，如图 10.17 所示。

图 10.16　放入素材并设置倒影

图 10.17　输入并设置文字

步骤 03 新建装饰组，打开叶子和荷花图片，调整大小和位置，降低荷花的透明度为 16%，如图 10.18 所示。

步骤 04 拖入 logo 图片，放至文件左上角，如图 10.19 所示。

图 10.18　放入装饰素材

图 10.19　放入 logo 后最终效果图

任务四　制作店招

导学视频

店招就是商店的招牌，一般都有统一的大小要求，以淘宝网来说，店招为 950×120。格式为 jpg、gif。

制作步骤

步骤 01 一个 950×120 的文件，设置前景色为绿色，执行执行菜单 / 滤镜 / 云彩，为店招做好背景，如图 10.20 所示。

图 10.20　制作背景

步骤 02 新建产品组，把产品素材放入店招内，调整好大小和位置，如图 10.21 所示。

图 10.21　放入产品

步骤 03 新建文案组，输入文字“翠玉轩”，创艺繁隶书、72 点、浑厚、#004b00，并设置图层样式，斜面浮雕参数如图 10.22，渐变叠加参数如图 10.23 所示，投影参数为如图 10.24 所示，最终效果如图 10.25 所示。

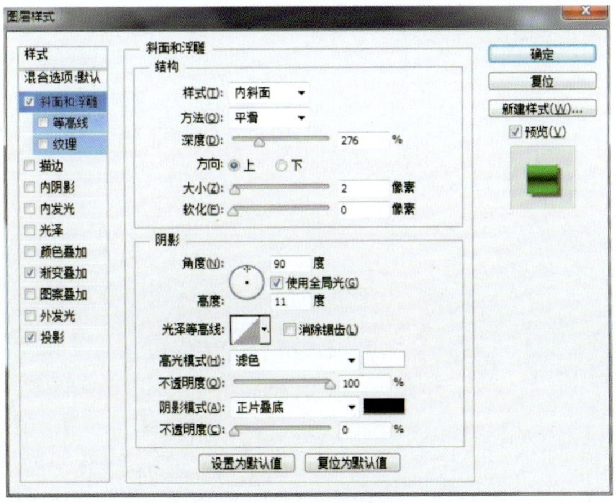

图 10.22　斜面浮雕参数

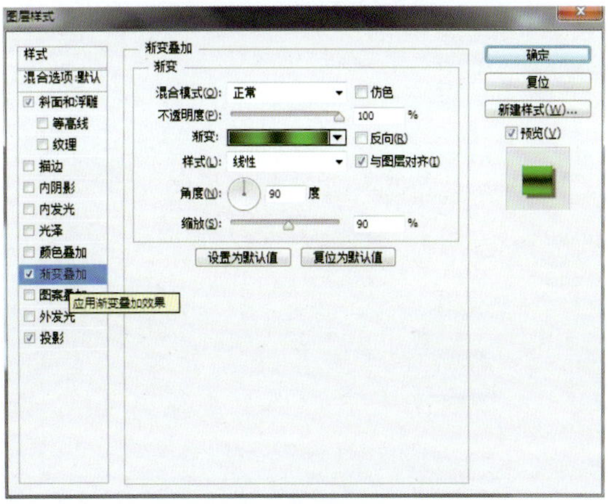

图 10.23　渐变叠加参数

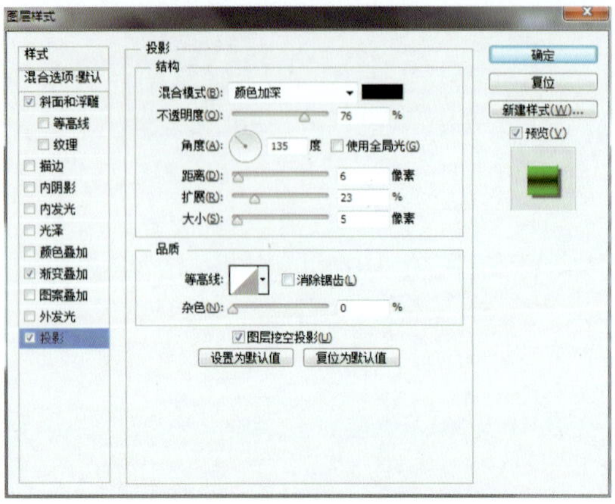

图 10.24　投影参数

图 10.25　店名最终效果

步骤 04 在店招中部输入文字“百年等待 ” 玉 “见有缘人”，微软雅黑、24 点、浑厚、#004b00；在店招右侧输入“100% 正品”，微软雅黑、22 点、浑厚、黑色；在其下方输入“Quality Guarantee”，幼圆、18 点、浑厚、黑色，最终效果如图 10.26 所示。

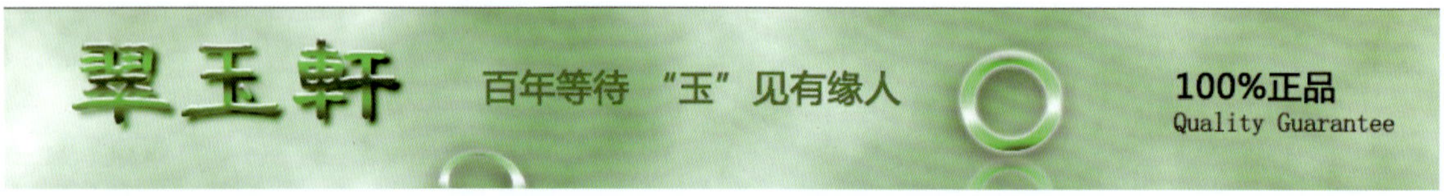

图 10.26　输入并设置文字

步骤 05 新建形状组，在自定义形状工具中选择“绘画 4” 图案，删除多余的点，填充红色，再顺时针选择 90° ，设置图层样式，参数如图 10.27 所示。

步骤 06 在“绘画 4” 形状上输入文字“天然”，微软雅黑、22 点、浑厚、白色，把该文字图层拖入文字组中。效果如图 10.28 所示。

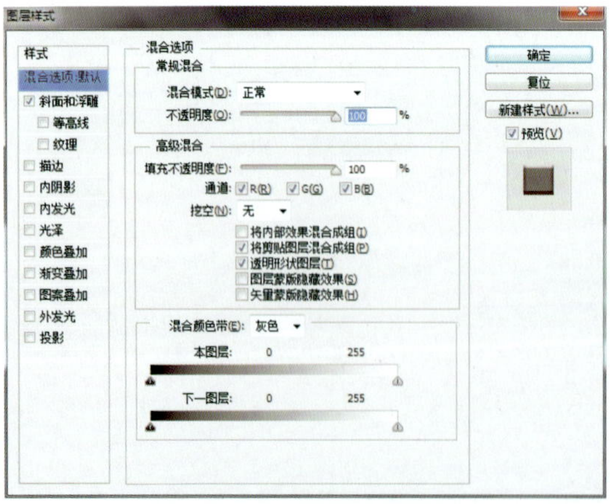

图 10.27　图层样式参数

图 10.28　输入并设置文字

步骤 07 新建形状组中，选择“圆角矩形” 工具，绘制形状，填充红色。并输入文字“100 年品质”，幼圆、18 点、浑厚、白色。把该文字图层拖入文字组中，效果如图 10.29 所示。

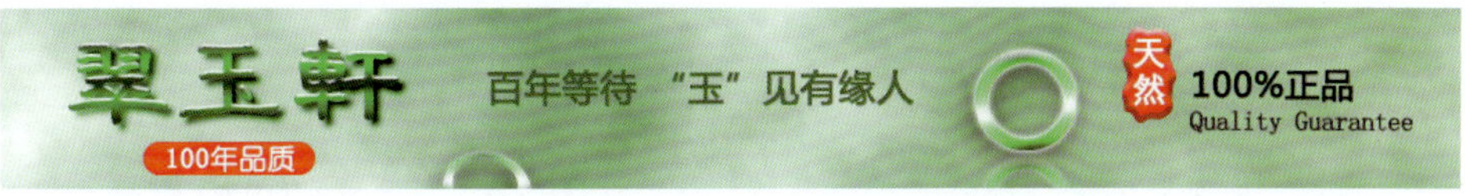

图 10.29 输入并设置文字

步骤 08 在形状组中，绘制心形，填充红色，旁边输入文字“关注”，幼圆、14 点、红色，如图 10.30 所示。

步骤 09 拖入之前制作好的“收藏”字样，放至店招中下部，最终效果如图 10.31 所示。

图 10.30 输入并设置文字“关注”

图 10.31 最终效果图

任务五 制作海报

导学视频

淘宝店铺海报是商家向买家展示自家店铺商品和形象的一种海报，所以店铺海报就显得尤为重要，一个好的店铺海报能够让买家更容易能搞懂你的店铺卖的是什么，从某种意义上来讲能够提高你的店铺浏览量从而提高你的店铺销量，所以如何制作一个好的店铺海报就显得尤为重要。

制作步骤

步骤 01 一个 1920×600 的文件，新建背景组，拖入水墨背景素材；新建组，在图像下部三分之一处用矩形选框工具画出选框，设置前景色为 #003b03，用渐变工具拖出渐变，修改图层名为渐变底，效果如图 10.32 所示。

图 10.32 设置背景

步骤 02 新建产品组，把产品素材放入海报内，按 Ctrl+T，选择扭曲命令，适当调整产品角度，复制产品图层，再次选择扭曲命令调整，做好产品倒影效果，并降低产品复制图层的透明度，如图 10.33 所示。

图 10.33　放入并调整素材

步骤 03　新建文案组，输入文字“精品碧玺　极品翠绿”，方正铁筋隶书简体、92 点、浑厚、#0f610f; 输入文字“传世经典 匠心制作”，方正书宋简体、48 点、白色；复制该图层并垂直翻转，调整位置，按 CTRL+T，选择透视命令，并降低透明度，制作好文字的倒影效果，最终效果为 10.34 所示。

图 10.34　输入并设置文字

步骤 04　选择竖排文字工具，在海报右侧输入文字“山有玉而草木盛　人藏玉则万事兴”，叶根友毛笔行书简体、36 点、浑厚、#fac03a; 并设置图层样式，参数如图 10.35 所示。

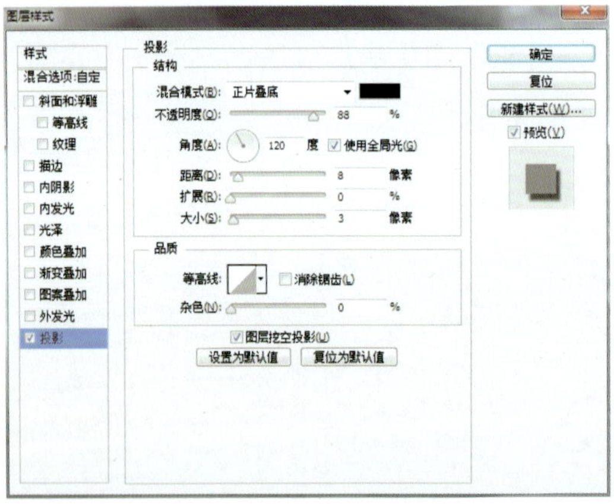

图 10.35　文字投影参数

步骤 05　海报最终效果如图 10.36 所示。

图 10.36　最终效果图

项目十一

淘宝首页综合设计

项目导入

淘宝店铺首页设计非常重要，它相当于实体的店面招牌，很容易让卖家忽视的一块，所以一定要好好地设计好淘宝首页，设计好装修内容。本项目将首页划分为店招，海报，优惠券、产品专区，页尾五个区域。

项目目标

知识目标

√ 认识首页
√ 知道首页的组成

能力目标

√ 通过制作作品，使学生学会掌握 Photoshop 工具的综合运用

素质目标

√ 通过制作作品，增强学生的审美意识和创新能力
√ 通过制作作品，培养学生自主探究的能力

项目重点

√ 知道首页的组成
√ 学会用 Photoshop 进行首页综合设计

项目难点

√ 在 Photoshop 中实行网页图文混排
√ 通过制作作品，使学生学会掌握 Photoshop 工具的综合运用

导学视频

任务一　设计 logo

操作步骤

步骤 01 新建 80×80 像素文件，新建图层。选择自定义形状工具中的左手形状（右手形状也可以），填充颜色 #00b71f。复制形状，按 Ctrl+T 执行水平翻转命令，并移至适当位置，如图 11.1 所示。

步骤 02 选中两个形状图层，按 Ctrl+T 执行垂直翻转命令；再对左边的旋转 −50°，后边的收旋转 50°，得到如图 11.2 所示图形。

图 11.1　绘制形状

图 11.2　旋转后图形

步骤 03 选择文字工具，输入英文大写单词 KIDS，字体为方正少儿简体，大小为 20 点；并分别给四个字母填充以下四种颜色：#f000ff,#5aad4f,#00b7ee,#f6c71f, 得到如图 11.3 所示图形。

步骤 04 选择文字工具，输入英文大写单词 BOBO，字体为方正少儿简体，大小为 20 点；并填充以下颜色 #f000f，得到如图 11.4 所示的图形。

图 11.3　输入 KIDS

图 11.4　输入 BOBO

步骤 05 选中除背景外的所有图层，适当调整大小，并放至合适位置，保存文件即可。

导学视频

任务二　设计店招和导航

操作步骤

步骤 01 新建 1920×120 像素文件，在 485 像素和 1435 像素处建立垂直参考线，店招的内容尽量不要在两参考线以外，拖入任务一制作的 logo，如图 11.5 所示。

图 11.5　放入 logo

步骤 02 选择文字工具，输入文字“波波”，字体为方正细倩简体，大小为 36 点；填充颜色：#f000ff；输入文字“玩具店”，字体为方正细倩简体，大小为 18 填充颜色：00b7ee，调整位置，效果如图 11.6 所示。

图 11.6　输入并设置文字

步骤 03 选择自定义形状工具中的绘画 3，绘制三个大小不一的图像，填充颜色 #5aad4f，#ffffff，#5aad4f，调整大小和位置，如图 11.7 所示。

图 11.7　绘制形状

步骤 04 选择文字工具，输入文字“梦想起航 童心飞扬”，字体为方正喵呜体，大小为 60 点，填充颜色：#f000ff；栅格化文字图层，按 Ctrl 点击文字图标载入选区，设置图层样式，描边 6 像素，颜色为白色，参数如图 11.8 所示；效果如图 11.9 所示。

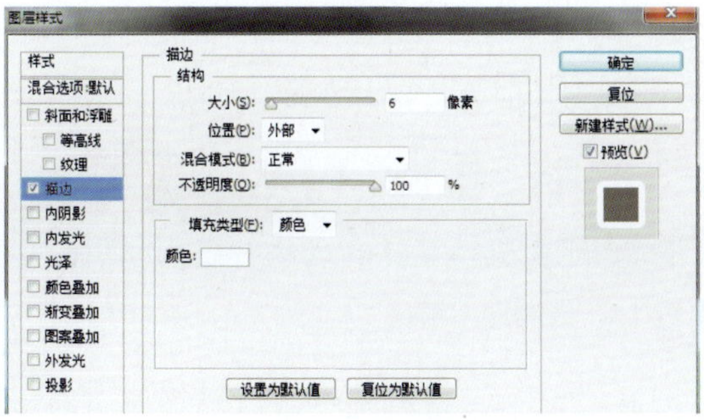

图 11.8　描边参数

图 11.9　设置后文字效果

步骤 05 拖入素材，调整大小及位置，效果如图 11.10 所示。

步骤 06 执行图像—画布大小，打开如图 11.11 所示对话框，设置高度为 150 像素（新增加的 30 像素用来做导航），点击定位中向上的箭头，画布拓展颜色设置为 #00b7ee。

图 11.10　放入素材

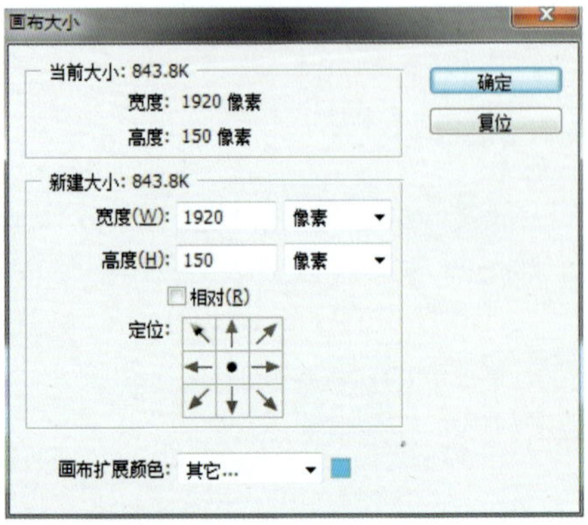

图 11.11　拓展画布

步骤 07 再将之前所绘制的绘画 3 三个形状栅格化并载入选区，把其店招以下多余的内容删掉。

步骤 08 制作波浪状导航条，选择自定义形状工具中的波浪形状工具，用直接选择工具删除两条，再调整剩下波浪形状的大小，填充颜色 #00b7ee，多次复制粘贴，调整位置，直至布满整个导航条，效果如图 11.12 所示。

图 11.12　绘制波浪线

步骤 09 选择矩形工具，填充颜色 #0082b7，设置图层样式斜面浮雕，参数如图 11.13 所示；适当调整大小，移至导航条最左端，在矩形上输入文字“所有商品”，字体为幼圆，大小为 14 点，填充颜色：#ffffff；选择自定义形状工具中的向下形状工具，结合删除锚点工具，把外面的圆圈删掉，只留下向下的箭头，效果如图 11.14 所示。

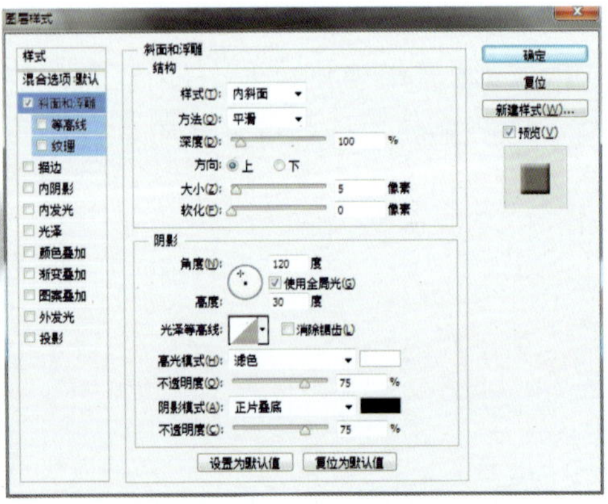

图 11.13　设置矩形斜面浮雕参数

图 11.14　绘制向下箭头

步骤 10 依次输入导航条其他内容及分隔线，调整位置，并在水平方向均匀分布；选择圆角矩形工具画图，填充白色，在形状中输入文字“飞机”，字体字号和导航内容一致；再复制一份，填充颜色#0082b7，栅格化复制后的形状，载入选区，删除形状左边的三分之二的图形，在图形上输入文字“搜索”字体字号和导航内容一致，店招和导航条的最终效果如图 11.15 所示。

步骤 11 新建两个组，店招组和导航组，把对应的图层分组，再复制背景图层，图层效果如图 11.16 所示。

图 11.15 店招和导航条最终效果图

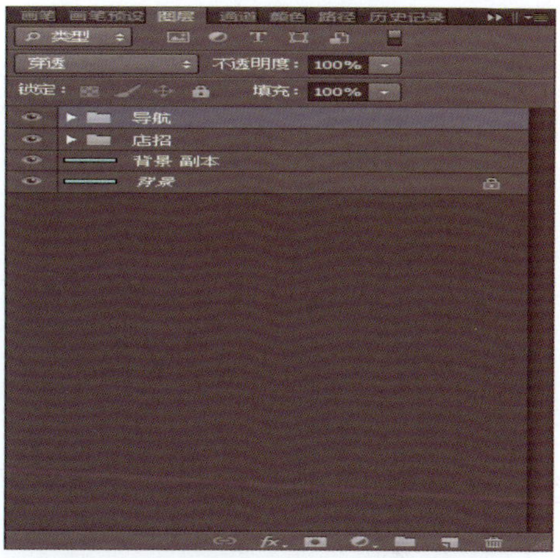

图 11.16 把图层归纳到相应的组中

任务三 设计海报

导学视频

操作步骤

步骤 01 新建 1920×10000 像素文件，把之前做的店招组和导航组和背景副本拖进来，调整好位置，并设定好各参考线的位置，效果如图 11.17 所示。

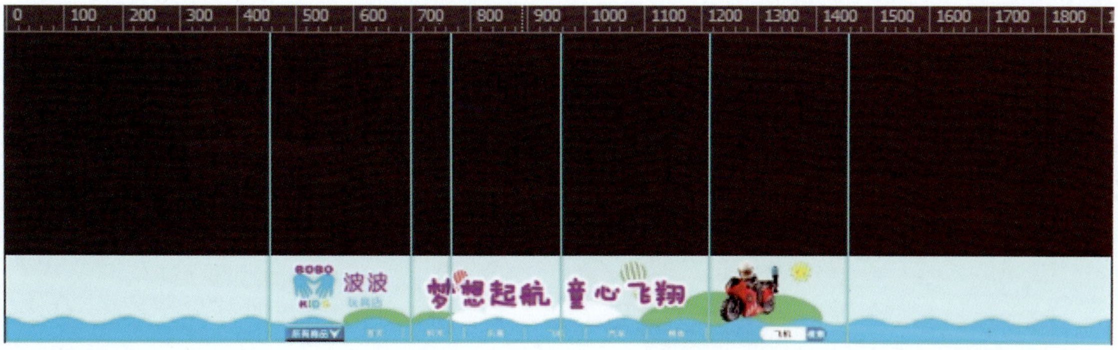

图 11.17 新建文件和参考线

步骤 02 新建海报组，选择矩形工具，绘制 1920×600 矩形，打开海报背景素材，调整大小和位置，创建剪贴蒙板，就相当于把素材放如矩形容器，如图 11.18 所示。

图 11.18　放入素材并创建剪贴蒙板

步骤 03 打开素材，抠出所需图形后拖入海报内，调整位置，并设置图层样式投影，参数如图 11.19 所示，效果如图 11.20 所示。

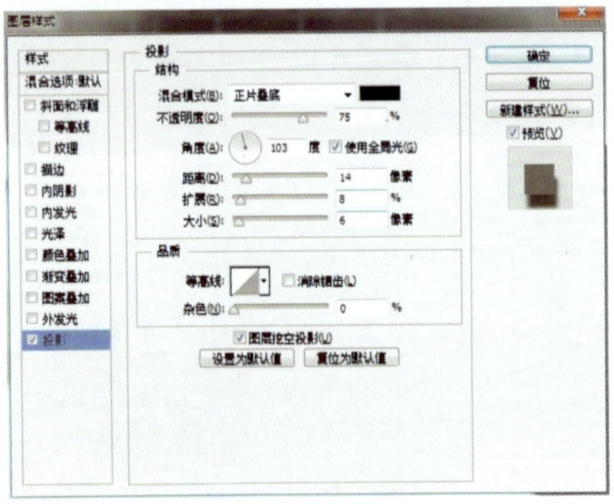

图 11.19　投影参数

图 11.20　放入素材后最终效果

步骤 04 选择自定义形状工具中的思索 2，绘制形状，填充白色，在形状中输入文字“包邮”，字体为微软雅黑，大小为 30 点，颜色为 #00b7ee；输入文字“￥59”，字体为微软雅黑，符号大小为 30 点，数字大小为 48 点，颜色都为 #f000ff，效果如图 11.21 所示。

图 11.21　设置包邮文字

步骤 05 输入文字“玩具促销”“限时优惠”，字体为微软雅黑，大小为 60 点，颜色为 #00b7ee，调整位置；输入英文“Cleverness is a matter of play”，字体为微软雅黑，大小为 15 点，颜色为 #f6c71f，多复制几句，排版成错落有致的形状。海报中的所有对象尽量不要超出参考线的位置（左 460 像素、右 1460 像素），效果如图 11.22 所示。

图 11.22　海报最终效果图

任务四　设计优惠券

导学视频

制作步骤

根据商品特点儿童玩具，所以这次的优惠券设计的比较卡通。

步骤 01 新建优惠券组，在组中用矩形工具绘制 1920×330 像素图形，优惠券高度为 200 像素，优惠券所在区域和海报的间隔为 30 像素，和下面区域间隔为 100 像素，效果如图 11.23 所示。

图 11.23　优惠券区域

步骤 02 用椭圆工具按 Shift 绘制直径为 120 像素的正圆，填充黄色；复制黄色圆，按 Ctrl+T 放大为 120%，填充颜色为 #eeeeee，给两个正圆设置图层样式斜面浮雕，参数分别如图 11.24、图 11.25 所示。

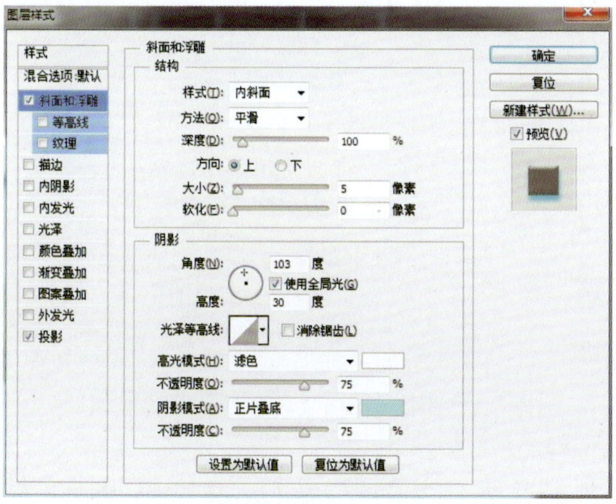

图 11.24　放大后正圆的斜面浮雕参数

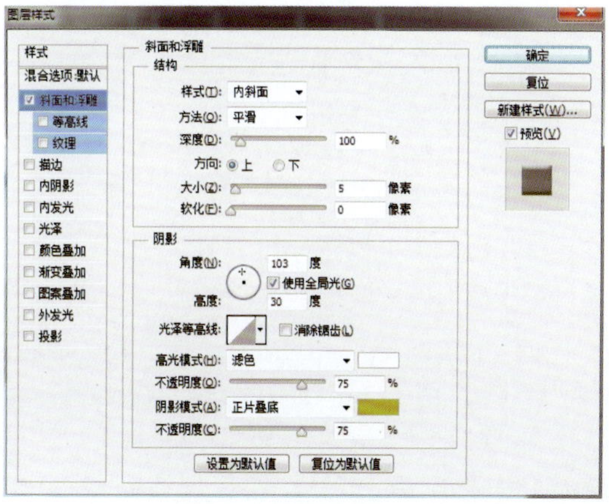

图 11.25　正圆的斜面浮雕参数

步骤 03 在黄色圆中输入文字￥20，字体为微软雅黑，符号大小为 18 点，数字大小为 36 点，颜色都为 #0083a1，如图 11.26 所示。

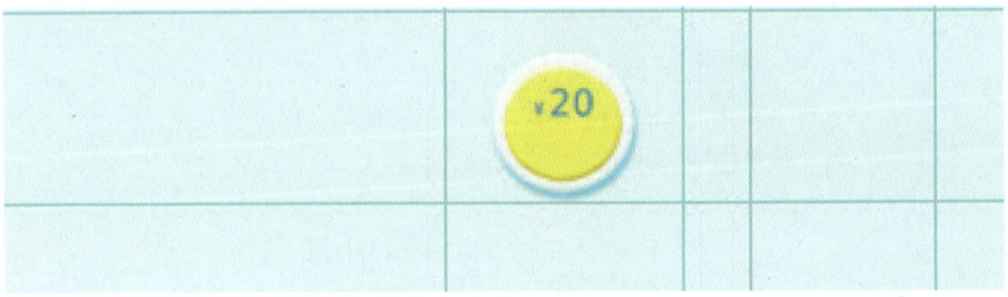

图 11.26 输入并设置文字

步骤 04 用圆角矩形工具绘制图形，填充黄色，设置图层样式斜面浮雕，参数如图 11.27 所示，在圆角矩形上输入文字“满 99 使用”，字体为微软雅黑，大小为 18 点，颜色为 #0083a1，效果如图 11.28 所示。

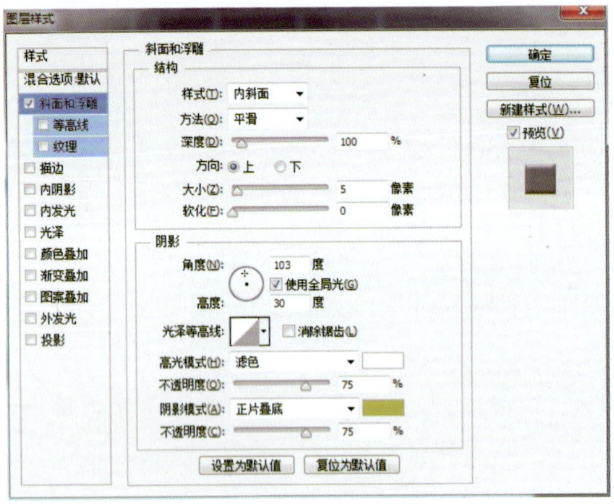

图 11.27 圆角矩形斜面浮雕参数

图 11.28 输入并设置文字

步骤 05 用椭圆工具绘制正圆，填充颜色为 #ff00ff，在圆中输入文字“立即领取”，字体为微软雅黑，大小为 14 点，颜色为白色，放至合适位置；选择自定义形状工具中的皇冠 4，绘制图形，填充颜色为 #00b7ee，并设置图层样式斜面浮雕，参数如图 11.29 所示，优惠券最终效果如图 11.30 所示。

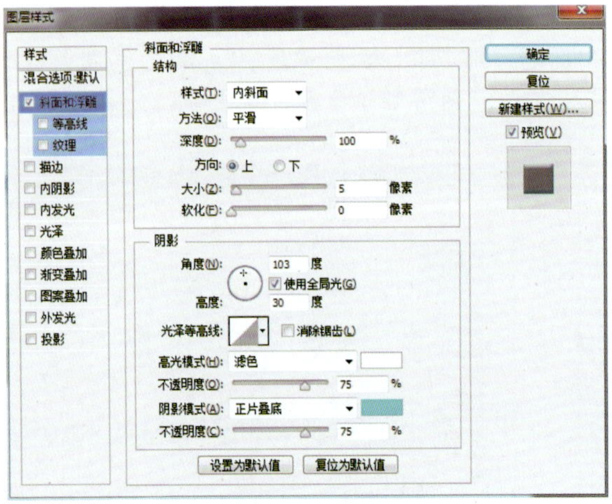

图 11.29 给皇冠设置斜面浮雕参数

图 11.30 优惠券最终效果图

步骤 06 把刚做好的优惠券归纳到组 20 中，复制组 3 次，分别命名 50、100、150，并修改各组优惠券中的金额，最终四个优惠券效果如图 11.31 所示。

图 11.31 四个优惠券最终效果图

导学视频

任务五 专区设计

该首页分为三个专区，分别为：爆款推荐、六一活动、秒杀专区。每个专区的设计和操作方法大同小异，讲解的时候就以爆款推荐专区为例，其他专区希望同学们能触类旁通，举一反三。

制作步骤

步骤 01 确定好优惠券任务和爆款推荐任务距离大概是 150 像素，新建组，命名为“爆款推荐”。输入文字“爆款推荐”，字体为微软雅黑，数字大小为 48 点；输入英文字母 RECOMMEDNATIONS，字体为微软雅黑，数字大小为 18 点，颜色都为 # 00b7ee，英文在上中文在下。

步骤 02 选择自定义形状工具中的“爪印”形状，在文字左边画图，大小为宽 67 像素高 73 像素，颜色为 #f000ff，复制形状放至文字右边，调整形状和文字之间的间距，效果如图 11.32 所示。

图 11.32 爆款推荐文字模块

步骤 03 用矩形工具绘制四个矩形（数量和大小可以根据产品需要进行调整，颜色不作要求）用来放产品，调整位置如图 11.33 所示。

步骤 04 分别放入产品图片，一个矩形对应一个产品图片，图片层在上矩形图层在下，对图片图层创建剪贴蒙板，如图 11.34 所示。

步骤 05 选择自定义形状工具中的星爆形状绘制图形，填充颜色为 #f000ff，在图形上输入文字 HOT1，颜色为白色，放至图片右下角，每张图片操作相同，效果如图 11.35 所示。

步骤 06 选择矩形工具，绘制 1920×1300 像素形状（大小可以根据需要调整），填充颜色为 #f000ff，图层不透明都为 20%；选择自定义形状工具中的边框 7，绘制 1300×1200 像素图形，填充颜色

为 #f000ff，爆款推荐专区最终效果如图 11.36 所示。

图 11.33　放置产品的四个矩形

图 11.34　把产品放入矩形中

图 11.35　绘制 HOT 标志

图 11.36　绘制形状后专区最终效果

任务六　页底设计

导学视频

制作步骤

步骤 01 新建组“页底设计”，选择矩形工具，绘制 1920×1300 像素形状（大小可以根据需要调整），填充颜色为 #d6f8ff；输入文字“更多新品”，字体为微软雅黑，文字大小为 48 点；输入英文字母 MORE NEW PRODUCE，字体为微软雅黑，文字大小为 18 点，颜色都为 # 00b7ee，英文在上中文在下，如图 11.37 所示。

图 11.37 输入并设置文字

步骤 02 选择矩形工具，绘制 5 个 250 × 325 像素矩形，描边颜色为 #0000ff，填充颜色为 #d6f8ff，水平均匀排列，效果如图 11.38 所示。

图 11.38 绘制矩形

步骤 03 绘制大小 250 × 90 像素矩形，和原矩形底部对齐，填充颜色 #0082b7，无描边，写文字“积木”，字体为微软雅黑，文字大小为 48 点；“Building blocks”，字体为微软雅黑，文字大小为 18 点，颜色都为白色，中文在上英文在下，上半部分放产品，其他四个矩形都同样操作，图片效果如图 11.39 所示。

图 11.39 放入产品并输入文字

步骤 04 在底部输入文字“返回顶部”，字体为微软雅黑，文字大小为 24 点；选择自定义形状工具中的向上形状工具，结合删除锚点工具，把外面的圆圈删掉，只留下向上的箭头，颜色为 # 00b7ee，最终效果如图 11.40 所示。

图 11.40 输入并设置文字后最终效果

项目十二

手机淘宝视觉设计

项目导入

移动互联网时代，用户购物习惯发生了巨大变化，据不完全统计，目前淘宝购物下单比超过71%。既然手机淘宝是一座金矿，那么做好手机淘宝是每个卖家的基本功。

手机淘宝是淘宝官方出品的手机应用软件，具有搜索比价、订单查询、购买、收藏、管理、导航等搞那个能。2014年年初，淘宝手机端总流量已超过电脑端，这代表这移动互联时代已经来临，因此手机淘宝的视觉设计必将成为重中之重。

项目目标

知识目标

√ 认识手机淘宝装修

√ 会装修手机淘宝首页

√ 会装修手机淘宝详情页

能力目标

√ 掌握手机淘宝视觉设计的装修

√ 能对不同风格选择不同的设计风格

素质目标

√ 培养学生正确的认识美工岗位职责

√ 通过调研美工岗位职责培养团队合作意识

项目重点

√ 熟悉手机淘宝视觉设计

√ 掌握不同风格选择不同的设计风格

项目难点

√ 手机淘宝视觉设计

任务一　认识手机淘宝装修

由于手机屏的特征以及手机上网购的界面要求，手机淘宝的视觉设计与电脑端淘宝有着很大的区别。与电脑端营销对比，无线端营销更注重顾客体验。不论文字还是页面的装修和排版等方面，都要比电脑端更为严格。要做好无线端，首先做好的是视觉营销，装修是第一步，如何做好无线装修，这是赢取手机流量的关键所在。

一、手机店铺入口

手机店铺主要分为三个入口：淘宝 App、天猫 App 和 WAP。其中最主要的流量入口为淘宝 App，其界面如图 12.1 所示。

二、手机店铺首页布局

手机店铺首页设计和 PC 端店铺首页的设计思路有着互通之处，也有很多不同（图 12.2）。

1. 手机店铺首页构成

手机店铺的首页构成分为两部分：一部分是自定义模块专区；另一部分是宝贝推荐模块。

图 12.1　手机淘宝界面

图 12.2　店铺首页

（1）自定义模块专区

自定义模块区一般位于手机店铺的前几屏，包括优惠券、活动信息、爆款推荐等内容，自定义模块的要求如下。

产品为主：以图片展示产品，首页使用哪些产品、哪些图片都需要提前考虑好。

文字：通常在 PC 端为了传达活动、优惠等信息，会用到较多的文字说明。但是手机店铺要简洁明了，能清晰展示促销信息即可。

优惠券：优惠券是手机端使用最多的、最有效的引流工具。从视觉营销的角度考虑，手机店铺的优惠券设计与电脑端的不同。

会场专区：建立不同的会场专区，在首页尽可能多地曝光店铺商品。爆款推荐：对爆款进行推荐。

（2）宝贝推荐模块专区

宝贝推荐模块也需要对宝贝进行排列展示，将爆款放在最前面，吸引消费者，然后是新品展示，接着是季节性商品陈列，最后是特供款的展示，推荐特价产品。

2. 大促结构设计

大促活动与 PC 端一致，需要先架构框架。手机店铺的结构展示，如图 12.3 所示。

模块 1：品牌 logo 或店铺名称。

模块 2：店招，与店铺最新活动相关信息。

模块 3：焦点图，以轮播显示活动与促销的信息。

模块 4：优惠券，以优惠券吸引消费者领取，并刺激买家消费。

模块 5：活动区，对爆款进行推荐。

模块 6：分类区，曝光更多产品。

模块 7：商品展示区，对商品进行分类展示。

图 12.3　手机店铺大促界面

3. 模块

在模块上的选择，可以选取大模块和从上而下的排列效果。

另外，手机详情页的制作，是提高无线端宝贝和店铺的转化率的重要手段。如果商家直接用电脑端的详情页，在手机上显示时就会常常出现字体不整齐，图片动来动去及体验效果不佳等情况。重新做了手机宝贝详情页后，图片和文字将更清晰、有条理，用户体验也会更好。现在手机端的流量已经超过电脑端了，所以手机端的装修还是非常有必要的。

4. 图片规格

① 建议图片的尺寸为 480 × 620 像素，高度小于 960 像素。

② 考虑屏幕大小，尽量做到一张图片刚好占满一个屏幕，这样方便买家查看完整信息，提升买家浏览体验。

③ 手机端图片少，买家浏览的速度快，突出产品颜色，加强视觉效果。

④ 完善宝贝主图。通过 5 张主图把产品所有的信息都展现得淋漓尽致，更有利于提高买家的购买欲、下单率。

任务二　手机淘宝首页装修

手机淘宝店铺首页与电脑端首页装修不同。

1. 首页模块的使用

步骤 01 进入“卖家中心”页面，左侧单击“店铺”→”店铺管理”→“手机淘宝店铺”链接。如图 12.4 所示。

步骤 02 在打开的页面中单击“立即装修”按钮。如图 12.5 所示。

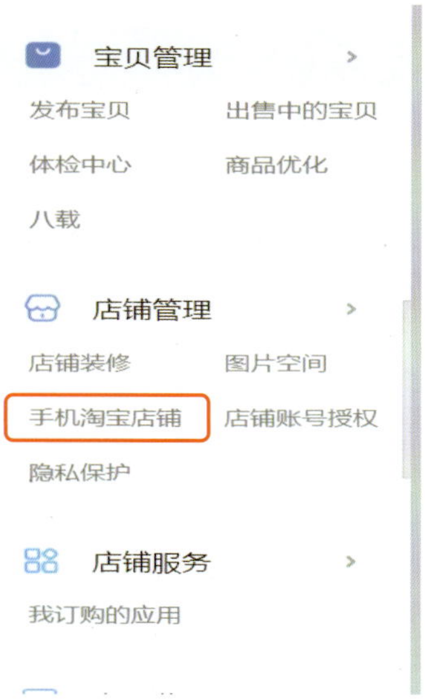

图 12.4 手机淘宝店铺

图 12.5 立即装修

步骤 03 进入装修页面，选择“手机店铺装修”选项，然后单击“首页”按钮。如图 12.6 所示。

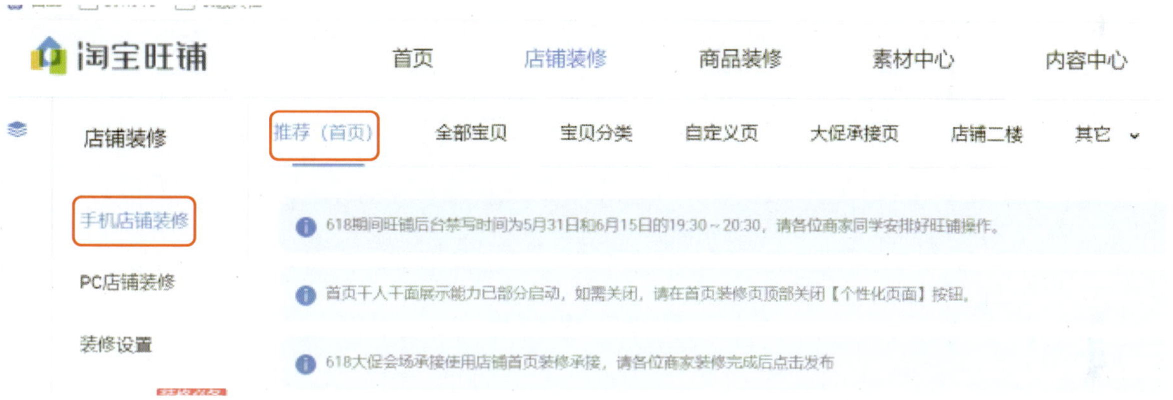

图 12.6 店铺首页

步骤 04 单击“装修页面”，即可进入“装修页面”，左侧为模块选择，中间为实时预览，右侧为编辑操作（图 12.7、图 12.8）。

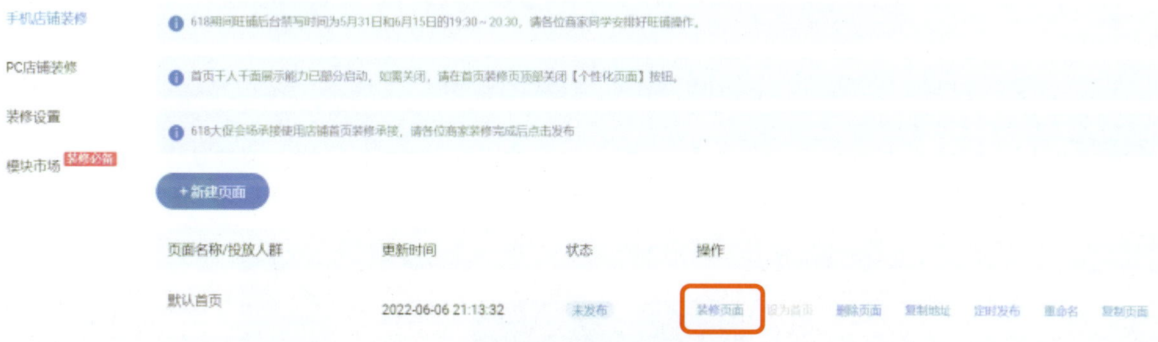

图 12.7 单击装修页面

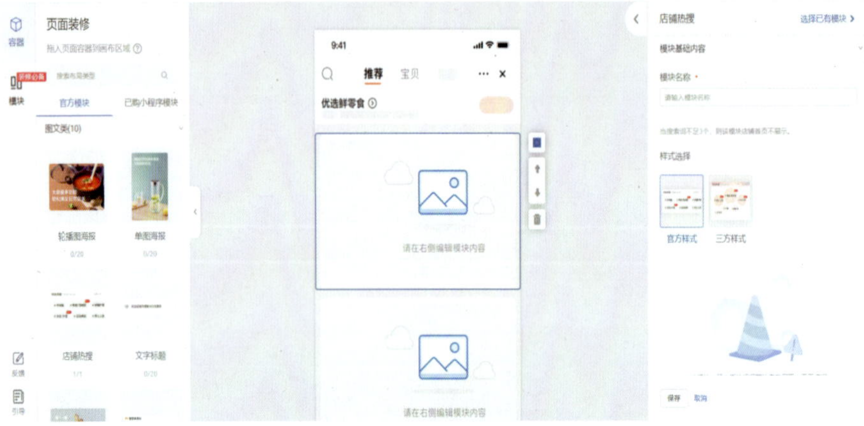

图 12.8　进入装修页面

步骤 05 拖动左侧所需模块至中间预览区，单击模块中的上下箭头可调整模块的位置。如：将“轮播图海报”模块拖至首页，右侧进行编辑保存。如图 12.9 所示。

图 12.9　模块编辑

2. 店招的设计

无线店铺的店招大小为 750 × 580 像素，建议大小 400k 左右。制作效果如图 12.10 所示。

图 12.10　店招制作效果

步骤 01 打开 PS，新建一个空白文档，图像大小 750 × 580 像素。单击“确认”，导入选好的素材背景图片。如图 12.11 所示。

图 12.11　打开素材

步骤 02 进入“店铺装修”“通用设置”进入”基础设置”，如图 12.12 所示。

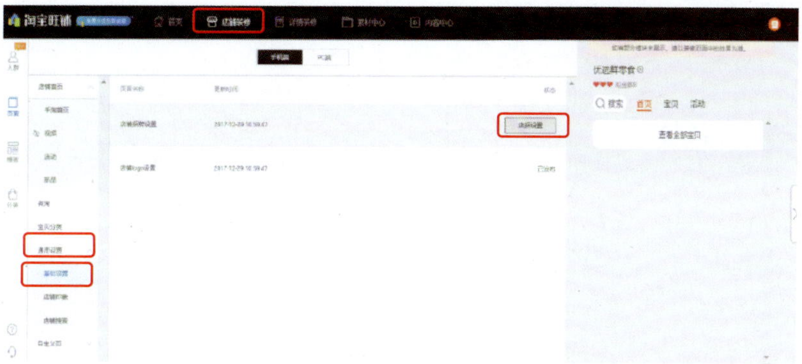

图 12.12　基础设置

步骤 03 单击“店招设置“进入店招设置页面。如图 12.13 所示。

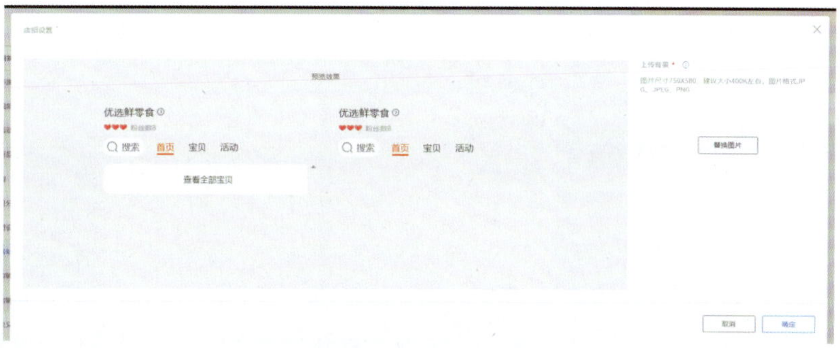

图 12.13　店招设置页面

步骤 04 单击“替换图片”，进行重新上传图片。如图 12.14 所示。

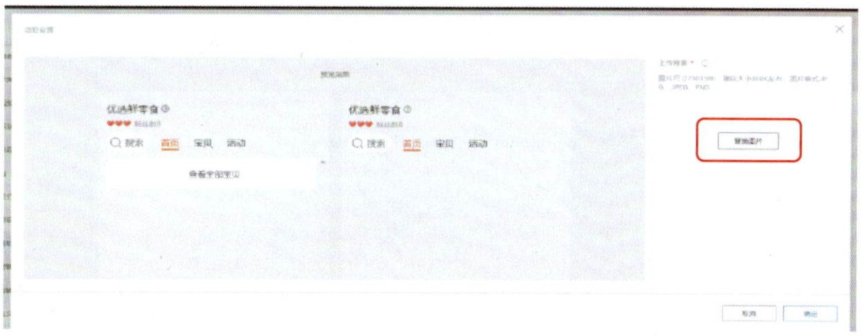

图 12.14　替换图片

步骤 05 在打开对话框中选择图片，单击“上传图片”，选择所需图片“确认”。如图 12.15、图 12.16 所示。

图 12.15　上传图片

图 12.16　上传图片页面

步骤 06 在打开对话框中选择所需图片，单击“确认”上传即可”。如图 12.17 所示。

图 12.17　选择图片

步骤 07 单击“确定”按钮，浏览背景在页面中的效果，如图 12.18 所示。确定时候保存并发布，即完成店招的装修。如图 12.19 所示。

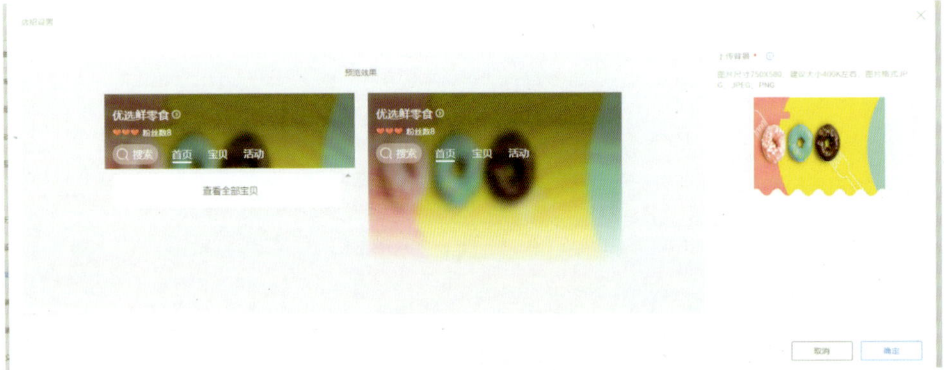

图 12.18　预览效果图

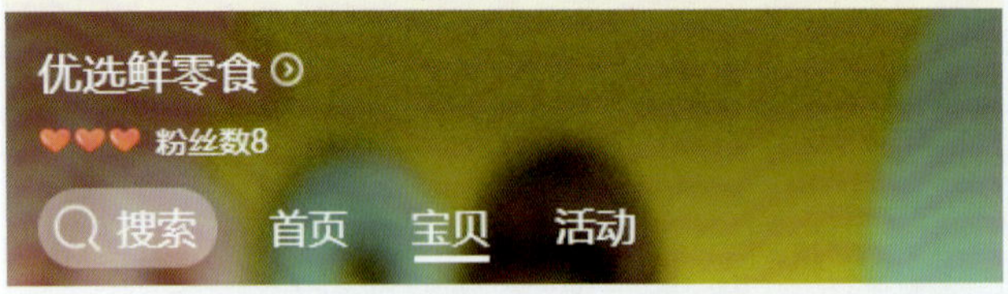

图 12.19　确定完成装修

3. 海报设计

（1）设计要点

手机淘宝海报图与电脑端海报设计类似，总体设计要求可参考前面的章节。需要重点说明有以下几点。

重点一：主题突出。无论是产品还是促销，海报的主图要简明、突出，可以通过对字体进行加粗、使用对比颜色等处理方式来体现。

重点二：色彩鲜明。使用鲜明的颜色来吸引浏览者目光。由于手机屏幕较小，制作手机焦点图时切忌使用暗沉的颜色。

（2）设计制作

下面使用“单图海报”模块制作手机店铺的轮播图海报，如图 12.20 所示。

步骤 01 打开 Photoshop 软件，新建一个空白文档，图像大小宽 1200px，高度 400px。如图 12.21 所示。

图 12.20 最终效果

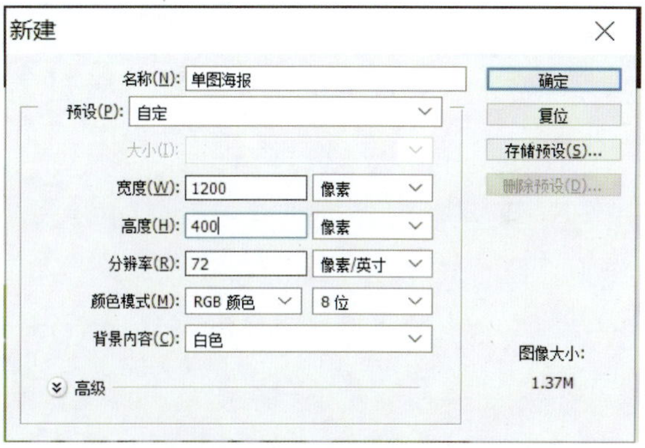

图 12.21 设置参数

步骤 02 打开素材图片，调整大小，编辑文字，内容和其他自行设计即可。

步骤 03 将用同样的方法，制作其他海报。

步骤 04 将左侧“单图海报”模块拖动至如图 12.22 所示位置。

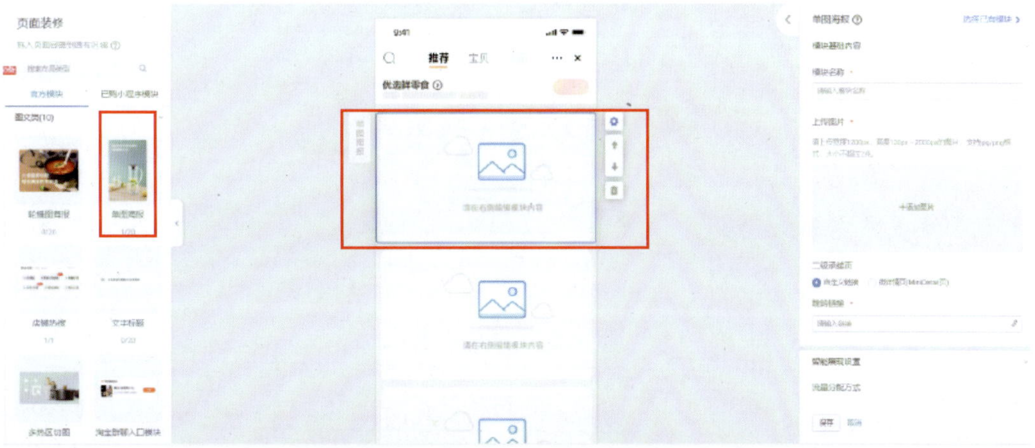

图 12.22 添加单图海报模块

步骤 05 点击右侧“添加图片”，按步骤操作，如图 12.23 所示。效果如图 12.24 所示。

图 12.23　添加图片

图 12.24　效果如图

步骤 06 点击“保存”按钮，出现在右侧中的海报，单击“保存”然后发布。效果如图 12.25 所示。

图 12.25　发布效果

任务三　手机详情页装修

很多人认为编辑了电脑端详情页后手机店铺也可以显示该宝贝详情，但是由于手机与电脑的图片尺寸要求不同，很多宝贝的详情页出现图片不显示或排版错乱的情况。因此，为了使手机用户获得更好的购物体验，手机详情页的装修势在必行。

1. 导入电脑端详情

已经装修了电脑详情的宝贝，可以将其生成手机详情页。

步骤 01 在“卖家中心”的左侧“宝贝管理”下单击“出售中的宝贝”单击编辑宝贝（图 12.26）。

图 12.26 宝贝管理

步骤 02 在弹出的对话框下拉看到“手机端描述”，单击“导入电脑端描述”确认生成，手机端的详情页就自动生成了，如图 12.27 所示。

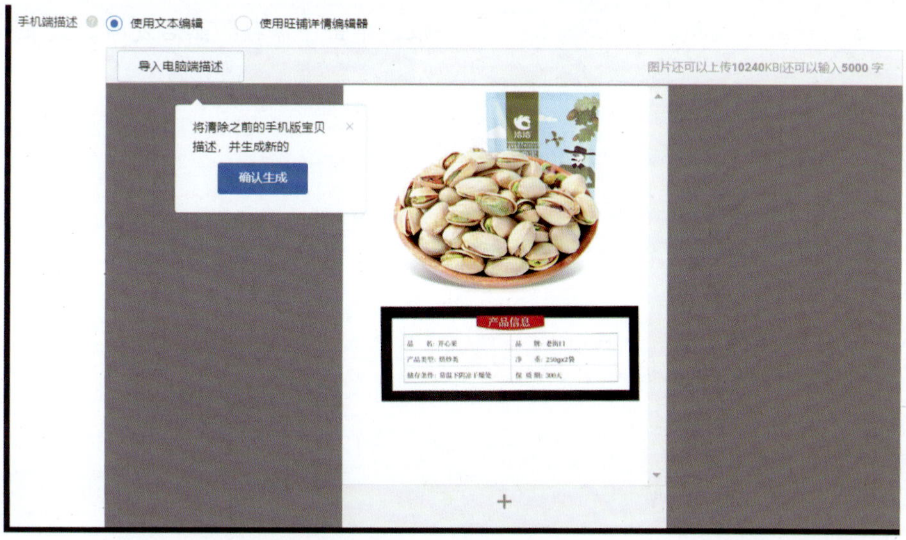

图 12.27 确认生成

2. 手动制作手机端详情页

手机端描述可以直接用电脑端的描述直接生成，也可以手动添加，手机详情页图片总大小不能超 2560kB，单张图片的宽需在 480~1242 像素之间，最大高度为 1546 像素。

手机端详情页要求如下。

① 系统就会根据手机像素的要求，自动生成手机端详情页，把电脑端的详情页在 PS 里面改好要求的尺寸。

② 手机详情页上的文字不要过多，否则会影响买家的浏览。

③ 中文字体大于等于 30 号字，英文和数字大于等于 20 号字（750 像素宽度为例）。

④ 手机详情页图片总大小不能超过 2560kB；

⑤ 单张图片的宽需在 480~1242 像素之间，最大高度为 1546 像素。

步骤 01 因为手机端字体和图片的要求与电脑端还是有些区别，如果你已经制作好手机端详情页，可以单击“添加”按钮，并选择“图片”，如图 12.28 所示。

图 12.28　添加图片

步骤 02 用与电脑端同样的方法，插入图片，完成手机详情页，也可以先在手机浏览看详情页的文字、图片是否刚好，在确定发布。如图 12.29 所示。

图 12.29　选中图片

单元检测

一、填空题

1. 手机店铺主要分为三个入口__________、__________、__________，其中最主要的流量入口为__________。

2. 首页装修的技巧主要有店标、__________、__________、__________。

3. 无线店铺的店招大小__________。

二、简答题

1. 自定义模快区一般位于手机店铺的前几屏，主要有哪些？
2. 制作手机淘宝海报图时，重点需要注意哪几点？

任务四　实战训练

实训：应用手机淘宝自定义模块广告图设置

由于手机的屏幕限制，宝贝分类需要简单明了，便于卖家选择，自定义模块的最大宽度 608px, 高度没有限制，可以根据实际要求对自定义区域进行切分（图 12.30、图 12.31）。

图 12.30　参考图一

图 12.31　参考图二

学习重点：

学习难点：

必考点：

记录：

学习重点

学习难点

必考点

记录

学习重点：

学习难点：

必考点：

记录：

学习重点

学习难点

必考点

记录

学习重点：

学习难点：

必考点：

记录：